Sheila Walsh

DEINE LIEBE HÄLT MEIN HERZ

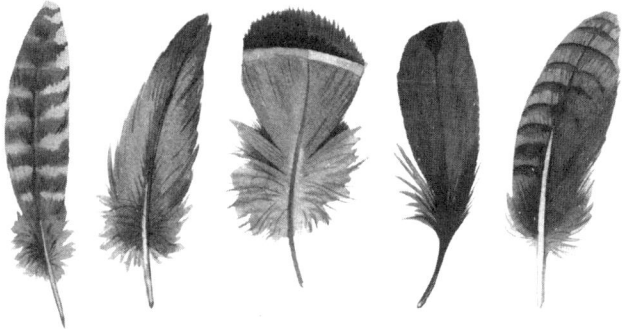

WENN ES ZU ZERBRECHEN DROHT

Aus dem Amerikanischen von Markus Baum

 BRUNNEN
Verlag GmbH · Giessen

Sheila Walsh, geboren in Schottland, ist eine echte Multitaskerin:
Die bekannte Musikerin ist Fernsehmoderatorin, gefragte Rednerin
und erfolgreiche Autorin (ca. 4 Mio. verkaufte Bücher),
engagierte Ehefrau, Mutter und gerne unterwegs mit ihren drei Hunden.
Und stellt sich neuen Herausforderungen: Gerade hat sie ihre
theologische Masterarbeit geschrieben.

Von der Autorin ebenfalls im BRUNNEN VERLAG erschienen
und lieferbar:

Sheila Walsh, MEINE 5 MINUTEN MIT GOTT. *Inspiriert durch den Tag.*
ISBN 978-3-7655-0695-6

Sheila Walsh, HINTER DEM LÄCHELN DIE TRÄNEN. *Eine wahre Geschichte.*
„Geliebt bist du dort, wo du sein kannst, wie du bist."
4. Auflage 2018
ISBN 978-3-7655-3852-0

Das Original erschien unter dem Titel „In the Middle of the Mess"
in Nashville, Tennessee, bei Thomas Nelson Inc.
© 2017 Sheila Walsh

MIX
Papier aus verantwor-
tungsvollen Quellen
FSC® C083411

© 2019 Brunnen Verlag GmbH, Gießen
Lektorat: Petra Hahn-Lütjen
Umschlagfoto: Shutterstock
Umschlaggestaltung: Daniela Sprenger
Satz: DTP Brunnen
Druck: CPI – Ebner & Spiegel, Ulm
ISBN Buch 978-3-7655-0608-6
ISBN E-Book 978-3-7655-7530-3
www.brunnen-verlag.de

*Dieses Buch widme ich in Liebe und Dankbarkeit
all den tapferen Seelen, die sich Tag für Tag
inmitten des Chaos für das Leben entscheiden.
Ich bewundere euch.*

*„Wer erst einmal wirklich geworden ist,
kann nicht mehr unwirklich werden.
Das bleibt dauerhaft so."*

(Margery Williams)

Inhalt

Über „Deine Liebe hält mein Herz"

*Sefora Nelson * Ann Voskamp * Lee Strobel * Lisa Bevere*

Eine bewundernswerte, starke Frau packt aus. Bringt Dunkles, Geheimes ans Licht. Wenn es nur Geheimnisse von früher gewesen wären, hätte das schon enorme Kraft gehabt. Aber es sind andauernde Kämpfe, die noch heute gekämpft werden mitten im schmutzigen Schlachtfeld, das wir Leben nennen.

Manche Bücher werden geschrieben, weil es der Karriere guttut, sich verkaufen wird oder weil es die Fans wünschen. Doch dieses Buch ist anders. Es musste geschrieben werden, weil es Leben retten wird.

Wenn man dieses Buch einmal gelesen hat, kann man nicht mehr so leben wie davor. Christliche Fassaden werden durchschaut und gegen echte Freunde eingetauscht. Wollen wir nicht alle echt sein?

Sheilas Worte geben Leidenden ein Gesicht, schenken Geschwistern Verständnis, entwaffnen das Böse und rüsten uns aus für den unsichtbaren Kampf der Gedanken.

Wenn Gottes Worte zu Dolchen werden, die wir gezielt einsetzen lernen, echte Freunde mitten im Kampf an die Wahrheit erinnern, wenn wir bereit sind, dunklen Gedanken ins Gesicht zu sehen und Gottes Kraft jeden Morgen neu in Anspruch nehmen, dann haben wir Erlösung verstanden.

Dear Sheila,
It was a pleasure reading your new book. You have a sister in Germany who looks up to you.

In Christ,
Sefora Nelson

„Dieses Buch kann Ihr Leben nicht nur verändern, es kann Ihnen buchstäblich das Leben retten. Es ist ein seltenes, lichtvolles, erstaunlich mutiges Buch, das etwas Wichtiges zur Sprache bringt. Allzu viele von uns sind jahrelang im Schatten geblieben und haben verzweifelt darauf gewartet, dass jemand sich ein Herz fasst und den Mund aufmacht. Sheila Walsh ist nicht nur eine entschlossene und furchtlose Kämpferin, die sich verletzlich macht, sie spricht auch unerschütterliche Wahrheiten aus, die das Dunkel aufbrechen und in befreiendes Licht tauchen. Es ist lange her, dass ich etwas in dieser Art gelesen habe, und ich könnte weinen vor Freude, dass hier jemand eine Rettungsleine in Buchform ausgeworfen hat. Diese Frau ist eine Heldin für mich.“

– *Ann Voskamp, Autorin von*
Durch meine Risse scheint dein Licht *und*
Tausend Geschenke – eine Einladung, die Fülle
des Lebens mit offenen Armen zu empfangen

„In diesem kühnen und atemberaubenden Buch nimmt Sheila Walsh Sie bei der Hand und bringt Sie dorthin, wo es in Ordnung ist, wenn nichts in Ordnung ist – an einen sicheren Ort der Echtheit und der Hoffnung, an dem wahre Heilung wartet. Zögern Sie nicht, lassen Sie sich von Sheila Walsh mitnehmen auf dieses Abenteuer persönlicher und geistlicher Entdeckungen."

Lee Strobel, Autor von Der Fall Jesus

„Dieses Buch räumt entschlossen auf mit der Lüge, dass wir unsere Probleme allein durchfechten müssen und dass unsere Kämpfe uns disqualifizieren. In einer von sozialen Medien überfluteten Welt vergisst man allzu leicht, dass jeder Mensch in Notsituationen geraten kann. Sheilas bewundernswerte Offenheit erinnert uns alle daran, dass wir selbst uns selbst durch den Filter der Welt nur verzerrt wahrnehmen, in den Augen Gottes dagegen sind wir durch das reinigende Blut Jesu vollkommen und ganz."

Lisa Bevere, Autorin und Artistin

Vorwort

Als meine Freundin Sheila Walsh mir sagte, dass sie in ihrem nächsten Buch von chaotischen und dunklen Tagen und auch von ihrem lebenslangen Kampf mit dunklen Gedanken und Suizidgedanken berichten wolle, musste ich weinen. Ich weinte um Sheila wegen all dem Schrecklichen, das sie erlitten haben muss im Kampf mit den Gedanken, die einen schweren Depressionsschub begleiten. Ich weinte auch um meinen Sohn Matthew, der seinen tapferen Kampf verloren hat. Und ich weinte Tränen der Erleichterung im Hinblick auf die Frauen, die dieses Buch lesen und darin unvorstellbaren Trost finden werden, Stärke und HOFFNUNG. Nämlich dann, wenn sie vielleicht zum ersten Mal entdecken, dass ihr übermächtiger Schmerz verstanden und ihr Kummer geteilt wird – und dass sie bestätigt werden. Nicht nur durch Sheila, sondern vor allem durch einen liebevollen himmlischen Vater.

Sollten Sie sich jemals einen Satz vom Kaliber „Diese Welt kann gut auf mich verzichten" gesagt haben – oder „Ich halte das keinen Tag länger aus", dann lesen Sie bitte DEINE LIEBE HÄLT MEIN HERZ.

Sie werden darin eine Schwester kennenlernen, die den Ton trifft, die denselben Weg wie Sie geht und die dabei ist zu lernen, wie man überleben und sogar wachsen und gedeihen kann inmitten des Durcheinanders dieses kaputten, dennoch wunderbaren Lebens.

Kay Warren, Mitbegründerin der Saddleback Church in Lake Forest, Kalifornien

Widmung &

Warum ich DEINE LIEBE HÄLT MEIN HERZ
geschrieben habe

Auf meinem Schreibtisch steht ein Schwarz-Weiß-Foto meines Vaters. Er lächelt, den Blick aufwärtsgerichtet, der Sonne entgegen. Offensichtlich hat er sich für meine Mutter in Pose geworfen, und so ähnelt er hier verblüffend dem Schauspieler Rudolph Valentino. Manchmal rede ich mit ihm. Ich weiß, das kann befremdlich klingen, aber ich glaube nicht, dass ich ein solches Geständnis scheuen muss. Was sage ich ihm, wenn ich mit ihm rede? Zum Beispiel dass ich mir wünschte, manches wäre anders gelaufen. Ich wünschte, ich hätte die Einsichten mit ihm teilen können, die ich inzwischen gewonnen habe. Die Wahrheiten, von denen dieses Buch handelt, hätten ihm vielleicht das Leben gerettet.

Mein Vater ist zwar nun schon so viele Jahre tot, dennoch widme ich dieses Buch ihm. Wenn ich ihm heute noch einmal begegnen könnte – ein letztes Mal; wenn ich ihm einen Brief schreiben und diese Seiten zukommen lassen könnte, dann würde ich ihm die ganze Wahrheit erzählen. Und das würde in dem Brief stehen:

Lieber Dad,

die meiste Zeit geht es mir ganz gut, aber die chaotischen Tage und erst recht die dunklen Tage machen mir immer noch Angst. Du weißt, wovon ich rede, stimmt's?

Als du gestorben warst, hatte ich immer wieder diesen Albtraum: Ich bin in ein tiefes, dunkles Loch gefallen, und niemand konnte meine Hilfeschreie hören. Ich war ja erst fünf Jahre alt, aber ich bin mitten in der Nacht schweißgebadet und in Panik aufgewacht, mein *Deputy-Dawg*-Pyjama[1] völlig durchgeschwitzt. Ich wollte niemanden wecken, also bin ich in den Spielzeugschrank geklettert und dort geblieben bis zum Morgengrauen, meinen Kuschelbär Big Billy fest umklammert, bis ich eingeschlafen bin. Ich habe nie jemandem davon erzählt.

Seltsamerweise haben Mum und der Rest der Familie nie ein Wort darüber verloren, wie du gestorben bist. Ich muss acht Jahre alt gewesen sein, als ich das Thema einmal versuchte anzuschneiden, wir saßen damals um den Küchentisch, und als ich sagte, dass sie wohl sehr traurig sein müsste, wenn sie an dich dachte, da stand sie wortlos auf und ging ins obere Stockwerk. Ich hätte darauf bestehen müssen, dass wir darüber sprachen, wenn ich mich nicht so dafür verantwortlich gefühlt hätte, wie du gestorben bist. Aber ich konnte mich nicht dazu überwinden, genauso wenig, wie ich es geschafft habe, den Spielzeugschrank zu verlassen, in dem ich mich vor meinen Albträumen sicher fühlte.

Nach deiner Beerdigung hat Mum alle Bilder von dir abgehängt und an einem sicheren Ort verstaut – in einem kleinen, verschlossenen Koffer unter ihrem Bett. Erinnerungen an dich waren die meiste Zeit über tabu. Wir sind dann umgezogen in Mums Heimatstadt, haben die Erinnerung an dich zurückgelassen. Mum hat manchmal geweint, aber stets hinter verschlossener Tür. Wir Kinder mussten unsere eigenen Wege finden, um zu trauern und nach Antworten zu suchen. Ich denke, wir waren alle einsam. Von mir weiß ich es sicher.

Als ich zehn Jahre alt war, kam ich eines Tages früher aus der Schule nach Hause, weil ich mich nicht wohlfühlte. Mum hat mich ins Bett gesteckt, hat mir eine Tasse Tee gebracht und sich zu mir ans Bett gesetzt. Wir waren ja allein, also habe ich mich getraut zu fragen, wie du gestorben bist.

Sie sagte, du seist in den Fluss gefallen, und der Gerichtsmediziner habe „Tod durch Ertrinken" in den Bericht geschrieben. Sie erzählte das so, als ob du im Dunkeln die Orientierung verloren hättest und in den Fluss gestürzt seist. Ich glaube, damit lag sie teilweise sogar richtig. Du hattest tatsächlich den Weg im Dunkeln verloren, stimmt's? Aber es war keine finstere mondlose Nacht damals in Ayrshire. Ist es nicht so, dass es das Dunkel in dir war, das dein Leben unerträglich gemacht hat?

Du warst noch so jung, erst vierunddreißig Jahre alt, und du fühltest dich eingesperrt in einem Körper, der sich gegen dich gewandt hatte. Dein Verstand hat das Dunkel nicht ertragen, hat sich nicht einfach ins Dunkel zurückgezogen. Es gab Momente, da haben sich die roten Nebel in deinem Kopf gelichtet, da konntest du erahnen, wie deine Zukunft aussehen würde, und es war keine erfreuliche Aussicht. Ich kann das alles nicht mit Bestimmtheit sagen, aber manchmal glaube ich: So muss es gewesen sein.

Ich weiß, dass Mum dich besucht hat, nachdem du in Behandlung gekommen bist, aber ich bin nie zu dir gegangen. Das tut mir heute leid. Vielleicht wärst du in der Lage gewesen, ein wenig länger durchzuhalten, wenn du gesehen hättest, dass ich mit deiner dunklen Seite kein Problem hatte. Ich weiß es nicht. Ich wünschte nur, ich hätte dir gesagt, dass ich dich liebe – schon immer, auch damals und noch bis heute.

Ich wünschte mir, dass du die Wahrheit kennst: Die Menschen verstehen nicht, dass die Vorstellung von Kindern so viel schlimmer sein kann als die Wirklichkeit. Ich weiß das jetzt. Du warst zerbrochen, genau wie ich. Ich weiß von Tagen, da warst du mein Dad, und von anderen, da bist du ausgerastet und in Raserei verfallen, warst zornig auf dich selbst, auf alle und alles, warst verloren und allein. Als du mich das letzte Mal angesehen hast, warst du nicht du selbst, und du musst begriffen haben, wie verängstigt ich war. Der Ausdruck deiner Augen hat mich jahrelang verfolgt, und ich habe mich stets gefragt, ob dich vielleicht der Ausdruck meiner Augen vollends aus der Fassung gebracht hat. Aber heute weiß ich, dass das nicht wahr ist. Ich weiß, dass ich nicht an deinem Tod schuld bin.

Auch ich lebe mit düsterer Verzweiflung. Ich habe erlebt, wie sie überhandnimmt. Weil ich selbst jene quälende Einsamkeit kenne, die Art, wie sie einen verfolgt, wünschte ich, ich könnte zurückkehren und deine Hand halten. Ich wünschte, ich könnte den Kampf zusammen mit dir ausfechten. Ich wünschte, ich könnte dir noch einmal zulächeln. Nur einmal. Vielleicht hätte das dir Kraft verliehen, um weiterzukämpfen.

Als ich fünfzehn war, hat eine Frau in unserer Kirchengemeinde mit meiner besten Freundin über die Einrichtung gesprochen, in der du gestorben bist. Vielleicht hatte sie vergessen, dass du dort gewesen bist. Sie hat dort gearbeitet und hat gesagt, das sei ein „Haus des Schreckens" – kein Ort, wo Kinder sein sollten. Sie roch nach Mottenkugeln und nach *Youth Dew*, einem wirklich schweren Parfum.[2] Sie sprach vom *Ayrshire Lunatic Asyl*, und ich fragte mich unwillkürlich: *Asyl – ist das nicht ein Zufluchtsort, ein sicherer Platz? Verlassen nicht Menschen ihre vom Krieg zerrissene Heimat und bitten in anderen Ländern um Asyl, wo sie wissen, dass sie dort Schutz finden können? Warum haben sie dich nicht beschützt?* Und hier bin ich nun mit vielen offenen Fragen.

Wann bist von dort ausgebrochen, hattest du das geplant?

Wusstest du, wo du hinwolltest, oder wolltest du einfach nur weg von dort?

Hast du versucht, den Weg nach Hause zu finden?

Als ich erwachsen war, habe ich mir vorgenommen, jenen Fluss aufzusuchen. Die Schatten und das Schweigen hatten mich schier umgebracht. Ich war in einer Einrichtung ganz ähnlich der, in der du zuletzt gelebt hast. Aber ich konnte mich erst zu der Reise nach Schottland entschließen, als ich sechsunddreißig Jahre alt war; da wurde der Wunsch, dieses Gewässer zu sehen, übermächtig. Ich musste dorthin gehen. Ich wollte begreifen.

Als du mich das letzte Mal gesehen hast, war ich fünf. Inzwischen bin ich in den Sechzigern. Mum ist kürzlich erst gestorben, und das hat mir die Fassung geraubt. Ich habe einen liebevollen Ehemann und einen wunderbaren Sohn, und ich bekomme die denkbar beste medizinische Behandlung. Aber an manchen Tagen reicht selbst das nicht aus. An manchen Tagen fühle ich mich, als ob ich auf einer Rasierklinge balanciere und jeden Augenblick abstürzen kann. Das auszusprechen ist nicht leicht. Ich weiß ja, wie es läuft: Es gibt Leute, die wollen mich gern reparieren. Wahr ist aber auch, dass ich im Zweifel bin, ob ich repariert werden will. Ich will eigentlich etwas ganz anderes.

Ich wünsche mir, dass wir wieder fähig werden zu tun, wozu wir vor langer Zeit einmal fähig waren: Die Wahrheit auszusprechen, zunächst vor Gott und dann unter Vertrauten und Freunden in einer von Verständnis geprägten Gemeinschaft, und zwar so lange, wie der Heilungsprozess nun einmal dauert. Ich wünschte, auch du hättest das damals tun können.

Ich fürchte nicht den Schmerz; ich fürchte vielmehr die Stille der Einsamkeit. Ich fürchte die Geheimnisse, die dich einsam gemacht haben. Inmitten eines derartigen Schweigens und solcher Geheimnisse ist man allzu leicht versucht, all den bitteren Lügen im Kopf zu glauben, all den Monstern zu erliegen, die uns verfolgen. Ich weiß, dass du das verstehst. Und so werde ich davon sprechen, um meinetwillen und im Andenken an dich. Andere Menschen sollen dadurch die innere Freiheit und die Gnade erfahren zu erkennen, dass es okay ist, nicht okay zu sein.

Darauf hoffe, dafür bete ich. Ich möchte anderen zeigen, wie sie inmitten des Chaos Kraft finden können. Zu wissen, wie das geht, ist ein Geschenk, ein wunderbarer Erweis der Zuwendung direkt von Gott. Davon bin ich überzeugt.

So schlage ich ein Loch in das Schweigen. Ich trete die Tür der Geheimnisse ein, die uns in Kälte und Einsamkeit halten. Ich will das tun für mich selbst und für alle, die leiden. Wir brauchen einen Ort, an dem wir uns in all unserer Gebrochenheit zeigen können und dennoch geliebt sind, einen Zufluchtsort, zu dem wir so kommen können, wie wir sind. Es ist an der Zeit, die Wahrheit auszusprechen. Wir müssen uns nicht mehr verstecken.

Lange genug habe ich geglaubt, ich sei alleine im Dunkel. Das war nie der Fall. An Tagen, an denen ich selbst nicht bei mir war, war zumindest Jesus bei mir. Das erkenne ich jetzt. Er war immer mein Zufluchtsort. Wenn ich heute das Gefühl habe, dass ich abstürze, dann halte ich mich an ihm fest. Ich wünschte, du hättest das ebenfalls so erfahren können. Und ich weiß: In der Ewigkeit wirst du es erfahren haben.

In Liebe,
Sheila

Es ist okay, nicht okay zu sein.

1. Erlösung – täglich neu

Erst stürzen wir, und dann erholen wir uns wieder von dem
Sturz. Beides ist Gnade Gottes.

Juliana von Norwich[3]

Every morning the sun comes up anyway.

Rich Mullins[4]

Ein bleiches, müdes Gesicht starrte mich da im Spiegel der
Künstlergarderobe an. Ich hatte Gewicht verloren, ohne dass
ich es beabsichtigt hatte – ich hatte in jenen Tagen einfach
nicht genug Antrieb, um zu essen. Ich fühlte mich krank und
fröstelte innerlich. Was war los mit mir?

Es war Zeit für meine tägliche Fernsehshow, und Gail,
unsere Regieassistentin, kam in den Raum. „Fünf Minuten
bis zur Sendung", sagte sie. Ich schnappte meine Notizen,
ging raus ins Studio und nahm meinen Platz ein am Set von
Heart to Heart with Sheila Walsh.

Die Scheinwerfer gingen an, ich spürte ihre Hitze auf den
Wangen. Der Regisseur gab mir das Zeichen, und los ging's.

„Hallo, herzlich willkommen. Ich bin sicher, Sie haben

Lieder wie „Sing Your Praise to the Lord" oder „Awesome God" schon von verschiedenen Künstlern gehört – mein heutiger Gast hat diese und andere Lieder geschrieben. Aber er ist nicht nur Singer-Songwriter und veröffentlicht Platten, es ist ihm auch ein Anliegen, echt zu sein, die Wahrheit zu sagen, aufrichtig mit seinem Publikum umzugehen. Das verrät uns auch sein jüngstes Album *The world As Best As I Remember It, Volume 2* – darauf denkt er viel über das Leben nach. Begrüßen Sie mit mir: Rich Mullins."

Das Publikum im Studio spendete einen sparsamen Konservative-Kirchgänger-Applaus, und die Kameras schwenkten auf Rich Mullins am Klavier. Er sang „Oh God, You are my God, and I will ever praise you." Die Art, wie er sang, die Tiefgründigkeit des Textes, der Schmerz, der aus diesem Lied heraus sprach – das hatte etwas Eigentümliches. Es war, als wäre jener Schmerz direkt unter der Oberfläche und würde die Melodie vorantreiben. Es war ein tröstendes und zugleich beunruhigendes Stück, die Art von Lied, die das Gefühl weckt, schutzlos und entblößt zu sein. Der Text drang durch bis zu dem Ort, wo mein Geheimnis wohnte, ein Geheimnis, das ich mit niemandem teilen konnte.

Nach dieser Eröffnungsnummer stand Rich vom Klavier auf und setzte sich mir gegenüber. Der Applaus flaute ab, und ich stellte Rich meine erste Frage. „Was ist das Wichtigste in Ihrem Leben?"

Ich erinnere mich noch genau an seine Antwort.

„Das kann zwar in einzelnen Momenten etwas unterschiedlich sein, aber ich denke mal, es gibt nichts Wichtigeres, als dass man voll und ganz das wird, wozu man berufen ist. Wie Gott einen gedacht hat. Verstehen Sie, was ich meine? Darum geht es im Kern bei der Erlösung."

Ich wünschte, ich hätte gewusst, wie wahr diese Antwort war. Ich wünschte, ich hätte damals nachgehakt und ihn gebeten, mehr über sein Verständnis von Erlösung zu sprechen und darüber, wie wir voll und ganz das werden können, wozu wir berufen sind. Ich hatte keine Ahnung, wie sehr ich die Weisheit des Rich Mullins in den folgenden Wochen und Jahren noch benötigen würde – die Weisheit eines sechsunddreißigjährigen Musikers. Stattdessen ging ich über zur nächsten vorbereiteten Frage.

„Inwiefern sind Sie heute mit sechsunddreißig Jahren anders als noch mit sechsundzwanzig Jahren?"

„Oh, ich habe mich stark verändert", sagte er. „Ich habe genügend Fehler gemacht, um zu erkennen, dass die Welt nicht untergeht, wenn man Fehler macht ... Die Sonne geht trotzdem jeden Morgen auf. Ich denke, wenn man erst mal aufhört, sich vor Fehlern zu fürchten, wird man viel freier."

Das ganze Interview hin durch sprach Rich über Verantwortung, über Gemeinschaft und über die Einsamkeit, die darin liegt, dass man sich nicht verstanden fühlt. Er sprach über meinen tiefsten Schmerz, meine größten Sehnsüchte, aber das habe ich damals nicht verstanden. Schlimmer noch, ich wusste nicht, wie ich um Hilfe bitten konnte. Frei zu sein, ganz die zu werden, als die mich Gott geschaffen hat – das schien unerreichbar für mich, und die schiere Vorstellung war bitter.

Ich wusste nicht, dass Gott sich bereits überlegt hatte, wie er mir das Verständnis dafür verschaffen würde. Ich wusste nicht, dass binnen weniger Wochen mein ganzes Lebensgebäude zusammenbrechen würde und dass ich dadurch ein völlig neues Verständnis von Erlösung gewinnen würde. Ich hatte keine Ahnung, dass diese Sorte Erlösung, von der Rich sprach, kein angenehmer Vorgang ist. Manchmal ist es ein kostspieliges, blutiges Durcheinander.

Ich habe viele Jahre lang nicht mehr an dieses Interview mit Rich Mullins gedacht, aber dann kam in einer Unterhaltung sein Name zur Sprache. So suchte ich auf YouTube, ob das Interview vielleicht dort zu finden war. Ich hatte Erfolg und fragte Barry, meinen Mann, ob er die Aufnahme mit mir anschauen wolle. Die vertraute Melodie erklang, und als die Show begann, wurde ich in jene vergangene Zeit und an jenen Ort zurückversetzt.

Eine Weile sagte keiner von uns ein Wort. Dann fragte Barry: „Hast gesehen, wann die Show ursprünglich gelaufen ist?"

„Ja, es war im Mai 1992", sagte ich. Da erst wurde mir die Bedeutung des Datums klar.

„Wie lange war das, bevor du in der Klinik gelandet bist?"

„Drei Monate."

„Aber du siehst gut aus. Wenn ich es nicht wüsste, ich hätte nie geglaubt, dass du damals am Rand des Zusammenbruchs warst."

Ich wusste nicht, ob ich lachen oder weinen sollte. Er hatte recht. Ich sah in der Fernsehaufnahme sehr gefasst und kontrolliert aus, dabei war ich damals innerlich am Sterben. Jeden Tag war wieder ein wenig mehr von mir verschwunden.

„So aussehen, als ob alles in Ordnung wäre – darin war ich gut. Das war ja ein Teil des Problems."

„Es ist nicht nur das. Hör mal auf deinen Akzent", sagte Barry. „Ich habe einige Shows im Ohr, die du in den frühen 90ern gedreht hast. Aber hier klingt auffällig dein Schottisch durch. Ich frage mich, warum?"

Ich dachte einen Moment nach, versuchte mich an jene dunklen Tage zu erinnern. „Ich denke, ich fiel durch ein Loch dahin, wo alles begonnen hatte", sagte ich.

Mein Interview mit Rich Mullins fand nur wenige Wochen vor meinem Zusammenbruch statt, aber man sah es mir nicht an.

Tag für Tag saß ich damals vor einem Studiopublikum und erzählte den Leuten, dass Gott sie liebt und am Ende alles gut ausgeht. Und ich habe das alles von ganzem Herzen geglaubt – zumindest kam es dem Publikum so vor. Dabei war ich zutiefst davon überzeugt, dass ich viel zu weit weg war von der Guten Nachricht, innerlich allzu verloren, als dass sie an meinen eigentlichen Schmerz heranreichen könnte. Da waren Orte des Zerbruchs, die ich vor dem Licht verbarg, sodass es mich nicht so sehr schmerzte, aber diese Orte wurden immer tiefer in meine Seele getrieben, weit weg von jeder Heilung.

Vielleicht habe ich den Schmerz begraben, weil er sich auf die Vergangenheit bezog und weil ich hoffte, dass ich eines Tages zu Hause bei Jesus sein würde, und dann wären alle meine Kämpfe ausgestanden. Bis dahin müsste ich nur durchhalten. Ich glaubte daran, dass für meine Vergangenheit gesorgt und dass meine Zukunft sicher sei. Aber ich wusste nicht, wie ich in der Gegenwart ganz ich selbst sein und befreit und erlöst leben konnte. Ich hatte nicht begriffen, was Rich meinte, als er von Erlösung sprach: nämlich im Vollsinn der Mensch zu werden, der zu sein man berufen ist – *hier und jetzt, in der Gegenwart.*

Ich frage mich, wie viele Menschen wohl so leben wie ich damals. Wie viele von unseren Freunden? Von unseren Angehörigen? Von den Mitgliedern unserer Kirchengemeinden? Ich frage mich, wie viele Pastoren sonntags auf die Kanzel steigen und anderen Worte des Lebens und der Hoffnung zusprechen, während sie selbst tief im Verborgenen ihren Schmerz hüten?

Frederick Buechner hat davon geschrieben: „Der Prediger zieht an der kleinen Kordel, die das Licht auf der Kanzel anschaltet, und breitet seine Notizen auf dem Pult aus wie ein Spieler seine Karten. Der Einsatz war noch nie höher. Schon zwei Minuten später wird er seine Zuhörer vollständig an ihre eigenen Gedanken verloren haben, aber in diesem Augenblick hat er sie in der Hand."[5]

Wird er die Wahrheit sagen? Wird er uns mit seinem eigenen Kampf bekannt machen? Das ist umso schwerer, wenn alle zu einem aufschauen und Hilfe erwarten. Die Versuchung ist schier unerträglich, in dieser Situation *das Richtige* zu sagen.

> *Gott ist gütig.*
> *Gott liebt Sie.*
> *Er ist allmächtig.*
> *Seine Kraft erweist sich gerade in Ihrer Schwachheit.*

Wohlklingende Worte, die da von der Kanzel erschallen. Das Problem ist nur – so war es jedenfalls bei mir in all den zurückliegenden Jahren: Viele von uns beherrschen bereits den Zungenschlag *des Richtigen*, es geht uns allzu leicht über die Lippen. Wenn wir allerdings innehalten und gründlich überlegen, werden wir möglicherweise entdecken, dass die eigentlich hilfreiche Gedächtnisstütze zu einem bedrohlichen Gefängnis wird. Solche Worte können uns auch das Gefühl vermitteln, dass bei uns etwas nicht stimmt.

Wie viele meiner frommen Freunde befürchten wohl, dass es sie von der Kirche und vom Glauben entfremden würde, wenn sie sich offen zum Zerbruch in ihrem Leben bekennen? Wie viele stellen sich die Frage: „Wenn Gott gut ist, warum fühle ich mich dann innen drin so schlecht? Wenn Gott mich liebt, warum fühle ich mich so einsam, so ungeliebt?"

Über Jahre bin ich im Fernsehen aufgetreten oder auf Bühnen gestanden und habe über die Liebe und die Barmherzigkeit Gottes gesprochen. Aber ich habe nicht wirklich verstanden, wie weit und tief diese Barmherzigkeit tatsächlich ist. Ich habe nicht verstanden, dass ich immer noch erlösungsbedürftig war – ich brauchte Erlösung von dem Schmerz, von den Geheimnissen und von den Lügen, die mich quälten.

Es fällt mir nicht leicht, von meinem inneren Schmerz zu sprechen, weil die Sache unaussprechlich kompliziert ist.

Nichts daran lässt sich schönreden. Fast mein ganzes Leben hindurch haben mich Gedanken an Suizid beschäftigt – erst an den meines Vaters, dann habe ich selbst mit dem Gedanken gespielt, meinem Leben ein Ende zu machen. Ein schockierendes Geständnis? Das ist es wohl für die meisten Menschen, und das soll es auch sein. Aber wenn jemand, den Sie lieben, sich das Leben nimmt, wenn Selbsttötung aus dem Bereich des Undenkbaren in die eigene Familiengeschichte einbricht, dann werden sich die Geister jener Wirklichkeit immer wieder melden.

Als ich noch sehr klein war, habe ich nicht darüber nachgedacht, mein Leben zu beenden. Als Kind hat mich dafür etwas anderes verfolgt – ein immer wiederkehrender Albtraum: Ich sollte hingerichtet werden für ein Verbrechen, das ich nicht begangen hatte. Ich wurde einen langen Gang hinuntergeführt in eine Hinrichtungskammer mit Steinwänden ringsum, nur auf einer Seite war eine Glaswand. Dahinter konnte ich meine Familie sehen, aber sie sahen mich nicht. Sie redeten miteinander und lachten und konnten meine Hilfeschreie nicht hören. Jede Nacht wachte ich schweißgebadet und mit Herzklopfen immer dann auf, wenn ich die Kammer erreicht hatte. Ich kletterte dann aus dem Bett und versteckte mich im Spielzeugschrank inmitten meiner Kuscheltiere. Nie habe ich jemand davon erzählt. Es war mein schambesetztes kleines Geheimnis.

Die Träume verfolgten mich unablässig, und als ich neunzehn war, wurde mir das alles zu viel. Ich war Studentin am *London Theological Seminary* und ließ mich ausbilden, um als Missionarin nach Indien zu gehen. Es war mir damals nicht klar, aber ich hatte mir selbst weisgemacht, dass ich etwas tun müsste, was ich eigentlich gar nicht wollte – nämlich Missionarin werden. Gott zuliebe. Dann würde Gott erkennen, wie sehr ich ihn liebe. Und dann würde er vielleicht den Schmerz, die Qualen, die Albträume wegnehmen. Aber ganz gleich, was ich versuchte oder wie sehr ich mich anstrengte – es schien nie genug zu sein. Der Schmerz und die Furcht gingen nicht weg. Ich kam zu der Überzeugung, dass ich niemals den Ansprüchen genügen würde; ich würde nie die Schuld abtragen können für das, was ich meiner Familie angetan hatte. Die Albträume würden niemals enden. Und so nahm ich an einem trüben englischen Abend einen Zug ins Herz von London. Ich lief einige Zeit durch den Regen und war schließlich nass bis auf die Haut.

Mein Leben kam mir sinnlos vor. Ich liebte Gott und glaubte, dass er mich liebt, aber ich fühlte mich verloren und traurig. Nach Stunden hastete ich zur Bahnstation, um den letzten Zug zu erwischen, und da geschah es. Als ich die Brücke über den Gleisen passieren wollte, warf ich einen Blick nach unten, und da kamen die Stimmen: *Spring! Spring einfach. Ein Augenblick nur, dann ist es vorbei.*

Die Stimmen gellten mir in den Ohren, aber da wurde mir die fürchterliche Dunkelheit der Situation bewusst. Ich nahm allen Mut zusammen und rief den einzigen Namen, von dem ich wusste, dass er mir helfen konnte: *„Jesus!"*

Die Stimmen verstummten, und ich ging weg vom Geländer, weg von der Hinrichtungskammer, zurück in die sichere Mitte der Brücke. Mein Herz klopfte, Tränen strömten über mein Gesicht, ich fühlte mich beschämt und verängstigt. Ich habe dort zum ersten Mal etwas erlebt, das mir in meinem Erwachsenenleben sehr vertraut werden würde: Ich hatte Angst vor mir selbst.

Diese Geschichte wäre leichter zu erzählen, wenn es ein einmaliger Vorfall geblieben wäre. Aber so war es nicht. In manchen Nächten starrte ich auf ein Pillendöschen und überlegte, wie einfach es wäre, alle auf einmal zu schlucken. Ich habe auch an andere Methoden gedacht: Springen. Die Pulsadern aufschneiden.

Dreißig Jahre nach jener Nacht auf der Bahnbrücke waren

die Suizidgedanken immer noch da. Manchmal war es nur eine flüchtige Anwandlung, aber dann kam eine Nacht, da wusste ich: Es ging um einen Kampf auf Leben und Tod. Ich erinnere mich nicht mehr, was eigentlich an dem Tag los war, aber als es Abend wurde, spürte ich ein solches dunkles Gewicht auf meiner Seele. Fünfzehn Jahre vorher hatte man mir eine klinische Depression bescheinigt, aber in jener Nacht begann ich erst den höllischen Tanz von Depression und geistlicher Anfechtung zu verstehen.

Christian war schnell eingeschlafen. Barry merkte, dass es mir nicht gut ging, und schlug vor, ich solle ein Bad nehmen und entspannen. Das wollte und konnte ich nicht. Ich sagte ihm, es ginge mir gut, ich müsse nur ein wenig allein sein. Mit Fortschreiten der Nacht wurde es kalt und still im Haus, und es kam mir so vor, als sickerte das Böse durch die Ritzen des Hauses. Es breitete sich über die Dielen aus, erreichte meine Zehen, wanderte meine Schienbeine hoch, über meinen Leib, saß mir schließlich im Nacken. Und blieb dort.

Die Waffe in jener Nacht war ein großes Messer. Ich sah es auf dem Abtropfgitter in der Küche liegen, und die Stimmen brüllten.

Nimm es in die Hand. Es wird nicht wehtun. Es geht ganz schnell. Du musst so nicht weiterleben.

Ich ging ins Wohnzimmer und legte mich bäuchlings auf den Teppich. Ich konnte nur noch eines tun: wieder und wieder den einen Namen sagen. *„Jesus! Jesus! Jesus!"*

Die Stunden verrannen – ein Uhr, zwei Uhr. Um drei Uhr früh veränderte sich etwas in mir. Ich war mir auf einmal bewusst, wem ich gehöre. Ich stand auf und rief „Nein!"

Ich rief mir einen Bibelvers in Erinnerung, den ich kannte, seit ich ein Kind war, und schwang ihn wie eine Waffe: „Wer den Namen des Herrn anruft, wird gerettet werden" (Römer 13,10).

Ich sprach den Vers laut aus, und ich glaubte, was ich sagte. Ich rief den Namen Gottes an, denn ich vertraute ihm. Vor der Hölle gerettet und für die Ewigkeit bestimmt war ich bereits, seit ich als elfjähriges Mädchen Jesus als meinen Erlöser angenommen hatte. Aber in jener Nacht brauchte ich Erlösung im Präsens, und das war mir bewusst.

Ich musste nicht noch einmal Christin werden, das nicht. Aber ich brauchte die Kraft des lebendigen Wortes Gottes, um von den gegenwärtigen Peinigern frei zu werden. Und als ich in jener Nacht den Namen des Herrn anrief, erlebte ich, wie er die Dunkelheit und das Böse zurückdrängte – damit auch all die Suizidgedanken. Er hat mich gerettet. Das spürte ich.

Und das ist die Wahrheit, die ich in jener Nacht erkannt habe: Christus kam, um uns in diesem gegenwärtigen Augenblick zu retten. Mitten aus dem Schmerz. Das Geschenk der Erlösung ist Gottes aktives, gegenwärtiges Geschenk an uns, egal wo wir uns gerade befinden.

In jener Nacht habe ich wirklich verstanden, was in Epheser 6,12 steht: Ich hatte tatsächlich „nicht gegen Menschen aus Fleisch und Blut" gekämpft, „sondern gegen Mächte und Gewalten des Bösen, die über diese gottlose Welt herrschen und im Unsichtbaren ihr unheilvolles Wesen treiben". Und in diesem Kampf ging es um mein Leben.

Sieht es in Ihrem Leben so viel anders aus? Auch wenn Sie nicht von Depressionen geplagt oder von Selbsttötungsgedanken verfolgt sind, werden Sie Ihre eigenen Kämpfe haben, kleine und große. Vielleicht sind Sie alleinerziehende Mutter und am Ende Ihrer Möglichkeiten. Sie fühlen sich einsam, und manchmal überträgt sich ihre Frustration auf die Menschen, die Sie am meisten lieben.

Oder vielleicht kommen Sie finanziell nur gerade so über die Runden, und jeder Tag ist ein neuer Kampf ums schiere Überleben.

Vielleicht hat Ihr Körper Sie im Stich gelassen. Chronische Krankheiten zehren nicht nur den Körper aus, sondern auch die Seele.

Oder vielleicht arbeiten Sie mit Menschen zusammen, die Ihnen das Leben schwer machen. Egal, was Sie versuchen, um die Situation zu verbessern – andere scheinen entschlossen zu sein, Ihnen Hindernisse in den Weg zu stellen.

Manchmal ist es die große, übermächtige Dunkelheit, die uns komplett verschlingt. Aber oft sind es kleine, alltägliche Dinge, die uns am meisten runterziehen. Was kann uns retten vor den Dingen, die ins alltägliche Leben eingewoben sind?

Allzu oft werden Begriffe wie Erlösung oder Rettung reduziert auf eine einfache Formel. Die schiere Frage „Bist du erlöst?" legt nahe, dass es um ein einmaliges Ereignis geht. Und das stimmt ja auch insofern, als es die Hingabe an Jesus als den Erlöser betrifft und die Bitte um die Vergebung unserer Sünden. Und das würde auch völlig ausreichen, wenn das Thema Sünde in dem Moment erledigt wäre, in dem ein Mensch Christ wird. Man kreuzt einfach ein Kästchen an, und weiter geht's. Wenn alles, was an und in uns kaputt ist, in dem Augenblick heil geworden wäre, in dem wir uns Christus anvertraut haben, dann müssten wir nicht wieder und wieder seinen Namen anrufen. Aber das ist leider nicht meine Erfahrung und Ihre vermutlich auch nicht.

Mein Freund Nicky Gumbel, Vikar an der *Holy Trinity Church* in London, schreibt: „Erlösung ist ein gewaltiges und bedeutungsschweres Wort. Es bedeutet Befreiung ... Es gibt drei Zeitformen der Erlösung: Wir *wurden* freigekauft aus der Schuld der Sünde, wir *sind* frei von der Macht der Sünde, und wir *werden* erlöst von der Gegenwart von Sünde."[6]

Wenn Sie Jesus Christus also Ihre Sünde bekennen, so ist ihre Vergangenheit damit erledigt – die Strafe ist vollständig bezahlt. Und zugleich verspricht uns Christus eine glorreiche, ewige Zukunft. Diese ewige Zukunft wird frei sein von Sünde, Trauer und Schmerz. In der Offenbarung des Johannes klingt das so: „Von nun an wird Gott selbst in ihrer Mitte leben. Er wird ihnen alle Tränen abwischen. Es wird keinen Tod mehr geben, kein Leid, keine Klage und keine Schmerzen; denn was einmal war, ist für immer vorbei" (Offenbarung 21,3f. HfA).

Das ist noch nicht alles, da gibt es noch mehr.

Es gibt Erlösung in der Gegenwart, und diese Erlösung wird uns jetzt und hier angeboten inmitten unseres Durcheinanders. Erlösung ist viel größer und gegenwärtiger, als wir es uns vorstellen. Das griechische Wort ist *sózó*. Es bedeutet „retten, befreien, heilen, ganz machen". Und dieses Befreien, dieses Heilen ist ein täglicher und andauernder Prozess.

Christus kann uns retten von der gegenwärtigen Erfahrung von Schmerz und Scham, egal wie abscheulich unsere innere Verfassung sein mag. Was mich betrifft: Mein gegenwärtiger Schmerz ist unsagbar abscheulich, und so war es bereits lange vor jener Nacht auf der Bahnüberführung in London. Ich habe meine Geheimnisse so lange gehütet und tue es manchmal immer noch. Ich habe die Scham so benutzt, wie ein Kind am Zipfel seiner Decke nuckelt. In jenen Tagen war mir nicht bewusst, wie verzweifelt ich die andauernde Erlösung Jesu Christi brauche. Ich wusste ja nicht einmal, dass sie mir zur Verfügung stand. Aber wenn ich zurückschaue auf mein Leben, dann war Jesus immer da und hat mir die Erlösung regelrecht entgegengestreckt auf unterschiedliche Weise – durch das biblische Wort, durch seine Kirche, durch einen Musiker wie Rich Mullins. Jesus wollte mich erlösen, damit ich die sein kann, als die ich geschaffen worden bin – eine Frau, die nicht länger mit Geheimnissen und mit Scham kämpft.

Wollen Sie auch diese Art von Freiheit? Freiheit zu sein, wozu Sie berufen sind – die sein, die Gott sich gedacht hat, frei von Ihrem persönlichen Schmerz, Ihrer persönlichen Scham, egal wie groß oder klein?

Vielleicht fragen Sie sich, ob diese Art von Erlösung auch für Sie zugänglich ist. Können wir in dieser Welt leben ohne Furcht vor dem Versagen und ohne die Scham, die damit verbunden ist? Ich denke, das hängt davon ab, wie Sie Versagen definieren.

Eine Freundin rief mich an und erzählte mir, dass sie Probleme mit Internetpornografie hat. *Ist das nicht etwas, was nur Männern zu schaffen macht?* Sie sagte mir, sie habe das Thema im Jahr zuvor in ihrer Kleingruppe angetippt. Ganz zaghaft habe sie die Frage aufgebracht, ob vielleicht auch Frauen mit diesem Problem zu kämpfen haben könnten. Sie war den ersten Schritt gegangen, hatte andere eingeladen auf ihren eigenen Weg der täglichen, gegenwärtigen Erlösung. Aber die strafenden und widerwilligen Blicke der Frauen in der Runde brachten sie wieder zum Schweigen. Damit begann ein weiteres Jahr einsamer Hölle, Scham und bitterer Selbstverachtung.

Sie hat etwas riskiert, als sie mich anrief. Ich bin ihr dankbar für ihren Mut. Ich sagte ihr, dass ihr Kampf auch nicht anders sei als meine Kämpfe oder die der selbstgerechten Frauen, die ihr das Wort abschnitten. Ich denke, wir alle fürchten uns vor dem, was wir nicht verstehen. – Wir haben gemeinsam gesucht und schließlich eine Gruppe von Frauen in ihrer Gegend gefunden, denen diese finstere Arena des Kampfes mit Pornografie nicht fremd ist. Die Gemeinschaft hilft ihr. Sie ist nicht allein.

Eine andere Freundin von mir ist Alkoholikerin. Sie ist zum zweiten Mal in Behandlung. Wenn sie in eine Welt reisen könnte, in der es keinen Alkohol gibt, dann würde sie sich vielleicht nicht so davor fürchten, erneut zu versagen. Einmal sagte sie mir am Telefon: „Ich bin eine Fehlbesetzung. Ich bin ein schrecklicher Mensch." Ich verstehe, warum sie so empfand. Sie ist eine Mutter. Ihre Kinder haben sie betrunken erlebt, und ihr Ringen mit der Sucht schlägt auf ihre Familie durch. Aber obwohl sie versagt hat und obwohl das nicht erfreulich war, ist sie nicht dort stehen geblieben. Sie hat sich entschieden, wieder aufzustehen. Sie versucht es noch einmal. Sie kämpft weiter gegen das Monster, das ihr die Tage stehlen möchte, indem es sie dazu verführt, wonach es sie verlangt.

Ich durfte sie während der sechs Wochen stationärer Behandlung nicht anrufen. Aber ich konnte ihr schreiben und für sie beten. Täglich habe ich Jesus gebeten, ihr nah zu sein durch andere, die ihren Kampf verstanden; durch sein Wort und im stillen Gebet.

Sie rief mich an, als sie auf dem Heimweg zu ihrer Familie war – wackelig, verletzlich, aber vorsichtig hoffnungsvoll. Ihre größte Furcht, sagte sie, sei, dass sie erneut versagen könnte, nachdem sie schon an Heilung geglaubt hat. Ich sagte ihr, dass es meiner Meinung nach möglich ist, heil zu sein und trotzdem wieder und wieder hinzufallen. „Gnade hat kein Ablaufdatum", sagte ich.

Ich erinnerte sie daran, was Paulus den Christen in Philippi zugesagt hat: „Ich bin ganz sicher, dass Gott sein gutes Werk, das er bei euch begonnen hat, zu Ende führen wird, bis zu dem Tag, an dem Jesus Christus kommt" (Philipper 1,6).

Solange wir auf dieser Erde leben, ist das gute Werk noch nicht beendet. Gott hat versprochen, mit uns auf dem Weg zu sein und an uns zu arbeiten, bis Jesus wiederkommt. Ich wünsche mir so sehr, dass in der Kirche Jesu Christi das Verständnis dafür wächst. Allzu oft richten, vergleichen, verdammen und isolieren wir. Das Evangelium Jesu Christi lädt uns ein, dass wir uns – unansehnlich, wie wir sind – zusammensetzen unter dem weiten Himmel der Gnade. Heißt das, dass es nicht darauf ankommt, wie wir leben? Nein. Ich meine aber, dass wechselseitiges Verdammen und Ausgrenzen Instrumente der Gegenseite sind. Der Heilige Geist macht uns gewiss, und das bringt uns Christus näher. Abschätzig denken über andere und sie verurteilen – das stößt uns zurück in die Dunkelheit.

Wir alle haben zu kämpfen, auch wenn die Front jeweils eine andere sein kann: Trinkerei, Zorn, Bitterkeit, Pillensucht, Entfremdung von den Kindern oder vom Ehepartner, Drogen, Brüche in der Karriere, Konflikte mit dem Chef oder mit Nachbarn, Pornografie, Depression, körperliche Krankheiten – das ganze Arsenal gegenwärtigen Zerbruchs. Und obwohl wir und die Kirche herzlich wenig Erbarmen mit einzelnen von diesen Kämpfen haben, ist Jesus auch und gerade dafür gekommen. Er kam, um uns für die Ewigkeit zu retten, aber er will uns auch heute erlösen.

Ich erinnere mich an den Morgen, als ich die Lokalzeitung aufschlug und in den Schlagzeilen meinen Namen entdeckte. Ich hatte während einer landesweit ausgestrahlten Sendung einen Nervenzusammenbruch erlitten (nur wenige Wochen nach dem Interview mit Rich Mullins). Ich schämte mich so. Ich rollte mich auf dem Schlafzimmerteppich zusammen wie ein Embryo und heulte, bis ich keine Tränen mehr hatte. Ich betete unablässig: „Es tut mir leid. Es tut mir leid. Es tut mir so leid, dass ich dir nicht gerecht geworden bin." Ich hatte bis dahin noch nie Gottes Stimme hörbar vernommen, aber dort hörte ich Gott im tiefsten zerbrochenen Grund meines Innern sagen: „Mein Kind, glaubst du mir, dass ich dich liebe?"

Das war die wichtigste Frage überhaupt. Die Frage, die mich neu definiert hat. Es war noch nie darum gegangen, dass ich es hinbekomme. Oder dass Sie es hinbekommen. Wir sehen quasi alles verkehrt herum. Wir blicken von der Erde auf, aber Gott blickt vom Himmel herab. Wir sehen uns selbst aus dem Blickwinkel des Schlamms, in dem wir stecken. Aber Gott sieht uns reingewaschen durch das Blut Jesu Christi. Hier und jetzt, inmitten unseres Chaos. Und in seiner Liebe will er uns retten – ebenfalls hier und jetzt. Er möchte uns Kraft verleihen für unser kaputtes, schönes Leben.

Sie müssen nicht so tun, als wäre jetzt schon alles in Ordnung. Tatsächlich weiß Gott genau, wo Sie stehen. In Psalm 44,21 heißt es von Gott: „Er kennt ja unseres Herzens Grund" (L). Wenn Sie daran glauben, dass der Vater Sie liebt, dann können Sie mit der ganzen Wahrheit herausrücken.

Selbst Jesus hat mit Gott über die harten Tatsachen seines gegenwärtigen Lebens auf der Erde gesprochen. Im Garten Gethsemane hat Jesus Todesangst gelitten und hat Gott angefleht, ihm diesen Schmerz zu ersparen. „Lass diesen bitteren Kelch des Leidens an mir vorübergehen, aber nicht was ich will, sondern was du willst, soll geschehen" (Lukas 22,42; HfA). Er hat die Wahrheit gesagt, hat aber seinem Vater auch versichert: Ich vertraue dir. Du wirst es am Ende gut machen.

Wir können Gott die Wahrheit sagen. Er weiß, dass uns die Dinge, die wir verbergen, die Dinge, die wir nicht auszusprechen wagen, auf eine Weise kontrollieren, die wir nicht einmal ahnen. Aber als Nachfolgerinnen und Nachfolger Jesu können wir sagen:

Ich hasse das.
Ich habe Angst.
Ich weiß nicht, was da auf mich zukommt.
Das habe ich nicht gewollt.
Ich bin so enttäuscht von mir selbst.
Lass diesen Kelch an mir vorübergehen.

Wir müssen nicht schauspielern. Wir können sagen, wie es wirklich ist und können darum beten, dass Christus kommt und uns rettet – in jedem Augenblick, unter allen denkbaren Umständen. Und das ist möglicherweise die ehrlichste Art von Gottesdienst, die Sie jemals gefeiert haben. Sie sagen die Wahrheit und gehen den nächsten Schritt in Richtung auf das Wesen, das zu sein Gott Sie berufen hat: eine herzlich geliebte Tochter, erlöst von den Umständen, befreit von Schuld von Scham.

In seinem Brief an die Christen in Thessalonich schrieb der Apostel Paulus: „Wir gingen liebevoll mit euch um wie eine Mutter, die für ihre Kinder sorgt. Aus Liebe zu euch waren wir nicht nur dazu bereit, euch Gottes rettende Botschaft zu verkünden, sondern auch unser ganzes Leben mit euch zu teilen. So sehr hatten wir euch lieb gewonnen" (1. Thessalonicher 2,7f. HfA).

Er war offensichtlich sehr angetan von den Leuten in Thessalonich. Sie haben ihn als einen der einflussreichsten Leiter der frühen Kirche anerkannt, und er hat uns ein Beispiel von Offenheit hinterlassen, dem wir nacheifern können. Er hat sein Leben für andere geöffnet. Ja, er hat die gute Nachricht von der Auferstehung Jesu verbreitet, aber er hat auch das Leben der Gläubigen geteilt, hat ihnen Anteil gegeben an seinen Freuden und an seinem Leid, an seinen Kämpfen und Hoffnungen. Ich habe es stets einfacher gefunden, einfach nur die frohe Botschaft zu erzählen, aber in wahre Gemeinschaft muss man beides einbringen: das Wort – und unser Leben.

Und das ist meine Hoffnung im Hinblick auf dieses Buch: dass Sie entdecken, wie Gemeinschaft sich in meinem Leben ausgewirkt hat und wie sie sich in Ihrem Leben auswirken kann.

Ich weiß nicht, womit Sie gegenwärtig zu kämpfen haben, ob Sie wütend sind oder von Selbstmitleid angefressen oder von Traurigkeit geplagt. Vielleicht haben Sie dunkle Tage in der Vergangenheit erlebt, oder es stehen Ihnen dunkle Zeiten erst bevor, morgen, kommende Woche, nächstes Jahr. Aber eines weiß ich: Sie sind nicht allein. Mehr noch: Sie sind geliebt. Sie müssen keine Geheimnisse hüten, müssen nicht an Lügen glauben. Es gibt einen Zufluchtsort, an dem es Heilung für Sie gibt. Wollen Sie diesen Ort finden?

Dieses Buch lädt dazu ein. Es ist eine Einladung, Heilung zu finden und Kraft inmitten Ihres persönlichen Durcheinanders. Aber es ist nicht nur ein Buch über Verletzlichkeit und übers Anteilgeben. Es ist ein Buch der Praxis. Es handelt vom Bekennen, vom Loslassen, vom selbstverständlichen Umgang mit dem Wort Gottes, das auch dazu da ist, dass Sie Ihren persönlichen Kampf mit ihren persönlichen Dämonen austragen können. Dieses Buch soll Ihnen Kraft geben. Ich wünschte mir, ich hätte so ein Buch gehabt vor meinem Zusammenbruch. Und ich wünschte mir, ich hätte dieses Buch zur Hand gehabt, kurz bevor meine Mutter starb.

In meinem Interview mit Rich Mullins zitierte er seinen Freund Brennan Manning. Rich sagte: „Wenn Brennan nach Hause geht, ist er davon überzeugt, dass ihm möglicherweise Jesus begegnet und ihn direkt fragt: ‚Hast du geglaubt, dass ich dich liebe? Hast du wirklich daran geglaubt?‘ Denn wenn du das glaubst, ändert das alles."

Über dieses Zitat musste ich nachdenken, als ich einmal mehr das Interview mit Rich anhörte. Mir wurde bewusst, dass ich ihn damals nicht wirklich verstanden habe. Erlösung bedeutet, dass Sie zu dem Menschen werden, als der Sie geschaffen worden sind – eine geliebte Tochter Gottes. Inzwischen habe ich das begriffen.

Ich bin geboren worden als ein geliebtes kleines Mädchen, frei von hässlichen Geheimnissen und Selbstverachtung. Auch Sie sind dafür geschaffen, meine liebe Freundin. Glauben Sie das? Wollen Sie es glauben?

Hoffnungs-Zeichen

Sich der vollen Wahrheit über uns selbst stellen zu müssen kann ausgesprochen hart sein, aber ich weiß: Es ist befreiend, wenn wir Jesus unser schönes, kaputtes Leben überlassen. Er hat alles für uns riskiert, um uns zu retten. Unser Dank, unser heiliges Opfer kann unsere Hingabe an ihn sein.

Welcher Art Durcheinander stehen Sie heute gegenüber? Haben Sie schon mit Gott darüber gesprochen – auch über das Chaos, das Sie vor sich selbst zu verbergen suchen? Denken Sie über die folgende Bibelstelle nach. Was verrät sie Ihnen über Gottes Liebe inmitten des Zerbruchs?

Folgendes habe ich vom Herrn empfangen
und euch überliefert: In der Nacht,
in der unser Herr Jesus verraten wurde,
nahm er ein Brot, dankte Gott dafür,
brach es in Stücke und sprach:
„Das ist mein Leib, der für euch hingegeben wird.
Feiert dieses Mahl immer wieder und denkt daran,
was ich für euch getan habe,
sooft ihr dieses Brot esst!

1. Korinther 11,23-24 (HfA)

2. Beerdigte Geheimnisse

Niemand hat mir je gesagt, dass das Gefühl der Trauer so sehr dem Gefühl der Angst gleicht.

C. S. Lewis, Über die Trauer

Ein summendes Geräusch riss mich aus dem Schlaf. Erst dachte ich, es sei der Weckton meines Mobiltelefons, der mir den neuen Tag ankündigte. Ich versuchte den Ton abzustellen. Aber das Summen hörte nicht auf. Schließlich schnappte ich mir das Telefon und schaute auf den Bildschirm. Es war ein Anruf aus Schottland – von meiner Schwester. Ich richtete mich auf, erbost darüber, so früh einen Anruf zu erhalten.

„Hi. Ist alles in Ordnung mit euch?", fragte ich.

Sie sagte erst mal nichts. Dann hörte ich sie tief Atem holen.

„Sie ist fort, Sheila."

Ich versuchte meinen Kopf freizubekommen, begriff ihre Worte nicht sofort. War meine Mutter mal wieder in stationärer Behandlung? Sie hatte in den letzten Jahren an Alzheimer gelitten und hatte außerdem mit Blasenkrebs zu kämpfen. Wiederholt war sie ins Krankenhaus eingeliefert und wieder entlassen worden.

Frances blieb stumm, und als ich ihre Worte einsinken ließ, begann ich allmählich zu begreifen. Meine Mutter hatte ihren letzten Atemzug auf Erden getan – und ihren ersten in der Gegenwart Christi.

„Was ist passiert?", fragte ich.

„Es ging sehr schnell", sagte Francis. „Sie fühlte sich nicht gut, als sie heute Morgen aufwachte, dann hatte sie so etwas wie einen Anfall. Der Doktor ist sich nicht sicher, ob es ein Schlaganfall oder ein Herzanfall war, aber als der Rettungswagen eintraf, war sie schon tot."

Ich musste mich zwingen, eine Antwort zu formulieren.

„Ich nehme den ersten Flug, den ich kriegen kann", sagte ich. Wir verabschiedeten uns und beendeten das Gespräch.

Ich starrte auf die dunkle Schlafzimmerwand. Es fühlte sich unwirklich an. Ich war versucht, Mums Nummer ins Telefon einzutippen, um einmal mehr ihre Stimme zu hören. Sie war zuletzt immer schwächer geworden, aber ich hatte Geschenke besorgt für ihren bevorstehenden achtundachtzigsten Geburtstag. Ich war nicht darauf gefasst gewesen, dass sie vorher sterben könnte.

Mütter haben etwas Ursprüngliches an sich. Auch Menschen, die keine gute Beziehung zu ihren Müttern haben, verfallen oft in tiefe Trauer, wenn der Mensch, der sie geboren hat, nicht mehr ist. Vorige Weihnachten hatte ich eine überwältigende Sehnsucht verspürt, ihr Auge in Auge gegenüber zu sein, und war spontan nach Schottland gereist.

Frances und ihr Mann Ian sammelten mich am Flughafen von Glasgow auf, und wir fuhren zu Mums Altenheim. *Airlie House* ist ein Platz für die alt gewordenen Mitglieder der schottischen Kirchengemeinde, in der ich aufgewachsen bin. Meine Schwester und ich hatten vor ein paar Jahren Mums Umzug nach Airlie arrangiert, als klar wurde, dass sie nicht mehr allein für sich sorgen konnte. Sie war vergesslich geworden und nicht mehr sicher auf den Beinen, und wir hatten uns gesorgt, dass sie stürzen könnte und dann hilflos wäre. Oder dass sie mit ihren Medikamenten durcheinanderkäme oder vergessen würde, die Haustür abzuschließen. Airlie House war die Lösung – ein Ort der Gemeinschaft, an dem andere Menschen rund um die Uhr für sie da sein würden.

Als Frances' Auto das graue, zweistöckige Steingebäude erreichte, wartete ich nicht erst ab, bis Frances den Wagen eingeparkt hatte. Ich sprang hinaus und eilte zur Eingangstür, um zu klingeln. Jemand vom Betreuungsteam öffnete uns, und ich marschierte geradewegs in den Gemeinschaftsraum. Ich konnte es nicht erwarten, den Gesichtsausdruck von Mum zu sehen, sobald sie mich erkennen würde. Ich fand sie in einem Sessel sitzend, und ich kniete mich vor ihr hin. Dann breitete ich meine Arme aus und präsentierte mit breitem Grinsen ein bühnenreifes „Ta-da!"

Mum schaute mich an, antwortete aber nicht. Dann blickte sie zu meiner Schwester.

Mum hatte mich nicht erkannt.

„Mum, es ist Sheila!", rief Frances. „Sie ist hergeflogen, um dich zu sehen."

Mum starrte mich einen weiteren Moment an, dann schenkte sie mir jenes feine Lächeln, das sie immer zeigte, wenn sie mit jemandem bekannt gemacht wurde.

Schließlich erkannte sie mich doch.

„Sheila! Das ist aber schön, dich zu sehen. Wie ist das Wetter?"

Ich war mir nicht klar, ob sie das Wetter in Dallas oder das außerhalb von Airlie House meinte.

„Es ist schön", sagte ich. „Kein Regen in Sicht."

„Gut! Ich möchte nicht, dass du nass wirst", sagte sie mit mildem Gesichtsausdruck. „Wie war es in der Schule?" – Ich hatte meinen Schulabschluss 1974 an der *Mainholm Academy* gemacht. Nun schrieben wir das Jahr 2015. Hatte sie die letzten einundvierzig Jahre unseres Lebens verloren?

Ich weinte lange an jenem Abend. Ich fühlte mich beraubt, einsam.

Viele Jahre vorher hatte der Tod meines Vaters meine Mutter allein mit drei Kindern zurückgelassen. Aber anstatt sich an meine Schwester, meinen Bruder und mich zu klammern, hat sie uns stets ermutigt, unseren Leidenschaften zu folgen. Ich wusste, dass es schwer für sie war, als ich nach Amerika ging, aber sie machte mir Mut dazu, denn sie glaubte, dass ich dort hingehörte, wo Gott mich haben wollte. Mum und ich hatten stets ein enges Verhältnis, und das ist so geblieben ungeachtet der großen Entfernungen.

Während dieses Besuchs allerdings waren wir uns einander in vielerlei Hinsicht fremd. Ich war mir nicht sicher, welchen Teil meiner Lebensgeschichte sie noch parat hatte. Wusste sie, dass ich verheiratet war, oder hielt sie mich für einen Single? Erinnerte sie sich an ihren neunzehnjährigen Enkel in den USA?

Ich würde nur vier Tage in Schottland bleiben, und so viele Stunden davon wie nur möglich verbrachte ich mit meiner Mutter. Zu manchen Zeiten wollte sie reden, zu anderen Zeiten saßen wir nur da und wechselten kein Wort. Eines Morgens dankte sie mir für meine Weihnachtsgeschenke. Dabei hatte ich ihr die noch gar nicht überreicht.

„Gefallen sie dir?", fragte ich sie, während wir gemeinsam gingen.

„Oh ja", sagte sie. „Ich liebe das Auto und den Hund."

In ihren Augen muss ich zwar sehr großzügig, aber auch neben der Spur gewesen sein, denn Mum hat nie den Führerschein gemacht. Ich fürchte, ihre wirklichen Erinnerungen waren in unerreichbaren Regalen verstaut.

Die vier Tage gingen vorüber, und für mich wurde es Zeit, nach Amerika zurückzufliegen. Mum sagte Good-bye, als ob ich nur kurz zum Laden an der Ecke gehen und nicht den Atlantik überqueren würde. Ich umarmte sie in dem

Wissen, dass es wohl das letzte Mal sein würde in diesem Leben.

Unmittelbar nach dem Anruf meiner Schwester frühmorgens begann ich Vorbereitungen für die Reise nach Schottland zu treffen. Ich buchte den gleichen Flug, den ich vorige Weihnachten genutzt hatte. Von Dallas nach Philadelphia, von dort weiter nach Glasgow. Ian holte mich vom Flughafen ab, von dort fuhren wir vierzig Minuten bis nach Ayr. Das ist der kleine Küstenort, in dem ich aufgewachsen bin. Frances erwartete uns im Eingang ihres Hauses. Als wir uns unter dem schiefergrauen Himmel umarmten, strömten die Tränen. Wir sagten einander die Dinge, die man sagt, wenn eine Mutter aus dem Leben in die Erinnerung wechselt – oder in die Ewigkeit.

„Ich bin so froh, dass sie nicht leiden musste."

„So hat sie es sich selbst immer gewünscht."

„Sie hat ihr ganzes Leben auf diesen Moment hin gelebt."

„Sie ist jetzt daheim."

Das alles traf zwar zu, aber ich konnte trotzdem nur denken: *Ich wünschte, ich könnte nur noch einmal mit ihr reden.* In mir verspürte ich eine unerträgliche Verzweiflung, so als ob ich versuchen würde, mich an etwas Wichtiges zu erinnern, das außerhalb meiner Reichweite war.

„Ich mache euch einen Kaffee", sagte Ian. „Du und Frances, ihr habt viel zu besprechen."

Ich sank in das cremefarbene Ledersofa in ihrer gemütlichen Wohnstube, und Frances setzte sich an den Kamin.

„Mum hat einen detaillierten Brief mit Anweisungen für ihre Beerdigung hinterlassen", sagte sie.

„Wirklich? Wann hat sie den geschrieben?", fragte ich.

„Das muss vor langer Zeit gewesen sein", sagte sie und reichte mir den Brief.

Ich musste lächeln. „Typisch Mum – sie hat sogar ihren letzten Atemzug organisiert."

Sie hatte sich zwei Lieder gewünscht – „Loved with Everlasting Love", und „Through the Love of God, our Saviour" – und selbst die Melodien, zu denen sie gesungen werden sollten.

„Wie benachrichtigen wir ihre Freunde und Bekannten?", fragte ich.

Frances nahm Mums vertrautes, in rotes Leder gebundenes Adressbuch zur Hand und sagte: „Ich habe mir die Finger wund gewählt! Ich habe praktisch jeden angerufen, der hier drinsteht."

Ich hielt einen Augenblick inne, dann fragte ich: „Wo ist sie jetzt?"

„Bei *Co-operative Funeralcare*", sagte sie. „Sie waren wundervoll. Sie haben sich um eine Anzeige in der Lokalzeitung gekümmert, haben die Blumen besorgt und Autos für die Familie bestellt."

„Ich kann nicht fassen, dass sie nicht mehr da sein soll", sagte ich. Tränen tropften in meine Teetasse.

„Ich weiß. Mir geht es genauso."

Ich wollte mich ein letztes Mal von Mum verabschieden, bevor wir sie begraben würden, also machte ich mich auf den Weg zum Bestattungsinstitut. Ich bat den Bestatter, mich ein paar Augenblicke allein zu lassen. Mum lag in dem schlichten braunen Holzsarg, als ob sie schliefe – ja, als ob sie sich jeden Augenblick aufrichten und mit mir reden könne. Ich zog die Satindecke etwas zurück, die ihren Körper bedeckte, und bemerkte das hübsche pinkfarbene Kostüm, das Frances für ihre Beerdigung ausgewählt hatte. Ihre Hände waren über der Brust gefaltet, die linke über der rechten. Und da war er. Der schmale, abgenutzte Ring aus Gold. Mum und Dad hatten 1953 geheiratet, und sie hatte ihren Ehering nicht einmal abgezogen seit jenem Tag, an dem sie „Ja!" gesagt hatte. Der Ring war ein Treueversprechen, als sie ihn bekam, aber nachdem mein Vater gestorben war, wurde

43

er zu einem Versprechen, dass sie ihn eines Tages wiedersehen würde.

Ich erinnerte mich an die Geschichten aus ihrer Kindheit, die sie mir erzählt hatte. Ihrem Vater hatte sie es nie recht machen können. Egal wie gut ihre Schulnoten waren, er sagte ihr, dass sie das noch besser könnte. Ich dachte an die junge Frau, die Krankenschwester werden wollte, aber schon mit fünfzehn die Schule verlassen musste, um ihrer Mutter bei der Versorgung der drei jüngeren Geschwister zu helfen, nachdem bei ihrem Vater die Demenz eingesetzt hatte. Ich erinnerte mich an das Leuchten in ihrem Gesicht, wenn sie erzählte, wie sie den Mann ihrer Träume gefunden hatte und wie sie zusammen drei Kinder bekamen. Dann dachte ich daran, wie sie diesen Mann – meinen Vater – verloren hatte, erst durch eine Gehirnerkrankung, dann durch Suizid.

Sie hatte so viel Enttäuschung und Schmerz durchlitten, aber sie hat nie darüber gesprochen. Das waren ihre Geheimnisse. Ich betrachtete ihren Körper, nun eine leere Hülle, die einst all ihre Hoffnungen, Träume und Albträume beherbergt hatte. Ich wollte so gern mehr davon wissen, aber das war nun nicht mehr möglich. Solche Dinge raubt uns der Tod.

„Ich weiß, das wird nicht einfach", sagte Francis später an diesem Tag, „Aber wenn du meinst, du schaffst es, dann sollten wir ihr Zimmer in Airlie House ausräumen."

„Lass es uns gleich machen, dann haben wir es hinter uns", sagte ich. Wir warfen uns die Regenmäntel über, rannten zu ihrem Wagen und fuhren hin. Frances klingelte, damit uns jemand von den Betreuern ins Haus ließ. Wir legten den Weg durch den langen Flur zu Mums Zimmer zurück, und in dem Moment, als ich die Tür öffnete, begann ich zu schluchzen. Es war alles da: das sorgfältig gemachte Bett, ihr geliebter Sessel von zu Hause, ihre pinkfarbenen Hausschuhe, ihre Bibel auf dem Nachttisch, das Spendentütchen für den nächsten Gottesdienst. Ich blickte auf den Stapel ungelesener Bücher und auf einen angebissenen Schokoriegel. Kleinigkeiten, die uns daran erinnerten, dass der Tod Mum nicht vorgewarnt hat. Es war alles so vertraut, aber sie war nicht mehr da.

Die Leute vom Haus signalisierten uns, dass wir uns Zeit lassen könnten mit dem Ausräumen, aber wir wussten, dass bereits eine andere Familie darauf wartete, das Zimmer beziehen zu können. Ich wischte die Tränen aus dem Gesicht, und Frances, Ian und ich machten uns ans Werk. Wir packten Mums Kleider in Koffer, ihre Bücher und CDs in Kisten. Wir nahmen die Bilder und gerahmten Familienfotos von der Wand und schlugen sie in Zeitungspapier ein. Das letzte Bild hing über ihrem Bett. Eine von Mums engsten Freundinnen hatte es gestickt. Ein Schriftzug aus zwei Worten, gefolgt von einem Ausrufezeichen: *Yes, Lord!*

Frances blickte mich zärtlich an. „Möchtest du es haben?"

„Gern", sagte ich. Ich nahm das Bild von der Wand, wickelte es in einen Schal, den ich Mum ein paar Weihnachten vorher geschenkt hatte, und steckte es in meinen Rucksack.

„Kann ich den hier auch haben?", fragte ich und hielt einen Plüschhasen hoch.

„Warum gerade den?", wunderte sich Frances.

„Er lag neben ihrem Kopfkissen", sagte ich. „Sie liebte diesen albernen Hasen. Vielleicht hat sie ihre Geheimnisse mit ihm geteilt."

In Schottland ist es die Aufgabe der Familienangehörigen, den Sarg ins Grab zu senken. Mein Bruder, meine Schwester und ich waren am Kopfende, Ian und zwei meiner Neffen am Fußende, und Christian und Dominic – Mums andere Enkel – hielten das Mittelteil. Der Regen tropfte vom Sargdeckel, von unseren Mänteln und Hüten. Wir senkten den Sarg ins Grab und legten ihren Leib zur letzten Ruhe.

Mums Enkel John, inzwischen Pastor, trug einen dunklen Anzug und hatte eine schwarze Bibel bei sich. Er sprach folgende Worte am offenen Grab: „In der sicheren Erwartung, dass sie einst zum ewigen Leben auferstehen wird durch unseren Herrn Jesus Christus, befehlen wir unsere Schwester Elizabeth Gott, dem Allmächtigen, an, und wir übergeben ihren Leib der Erde. Erde zu Erde, Asche zu Asche, Staub zu Staub."

Ich blickte auf die Menschenmenge, die sich mit uns am Grab versammelt hatte. Es waren zumeist Verwandte – mein Onkel, Cousins und Mums beste Freunde –, und ich dachte: *Ich kenne all diese Leute nicht wirklich.* Ich sah Tränen und aufrichtiges Mitgefühl und fragte mich, was ich verpasst hatte, denn ich hatte kaum Zeit mit der erweiterten Familie verbracht, als wir aufwuchsen. Das bedauerte ich nun.

Als ein Freund meinem Bruder beruhigend zusprach, erschütterte mich das. Wir waren das in unserer Familie nicht gewohnt. Wir standen gewöhnlich allein.

Ich sah, wie die erste Schaufel Erde auf den Sarg fiel, und hatte den Eindruck, als ob die Erde nicht nur meine Mutter bedeckte, sondern auch ihre Geheimnisse.

Als ich wieder zurück in den Vereinigten Staaten war, erschien es mir, als habe der Tod meiner Mutter mich auf unsinnige Weise in Verwirrung gestürzt. Jemand hatte mir den Boden unter den Füßen weggezogen, wodurch all die Geheimnisse und Lügen ans Licht kamen, die ich über Jahre sorgfältig verborgen hatte – Geheimnisse und Lügen über mich selbst, die ich allzu lang geglaubt hatte.

Solange ich zurückdenken kann, beginnend mit den Tagen aufgeschlagener Knie und Pyjamas mit Trickfilmfiguren, hatte ich in der Überzeugung gelebt, dass der Tod meines Vaters meine Schuld war. Das wurde noch schlimmer dadurch, dass wir nie darüber sprachen. Und so lebte ich, wie es wohl den meisten Kindern gehen würde, mit meiner eigenen, etwas groben Version der Geschichte, und die ging so: Mein Vater hatte eine Gehirnblutung erlitten, die seine Persönlichkeit verändert hatte; er verwandelte sich von einem warmherzigen, lustigen Dad in einen unberechenbaren Fremden. Ich war fünf Jahre alt, als er versuchte, mir mit seinem Stock auf den Kopf zu schlagen. Ich schrie, er stürzte, und meine Mutter wählte die Notrufnummer. Dad wurde ins Ayrshire Lunatic Asylum gesteckt. Eines Nachts brach er aus und ertränkte sich selbst im Fluss, und ich fühlte mich für seinen Tod verantwortlich.

Ich wuchs auf voller Scham und im Glauben, ich sei eine schreckliche Person. Ich war eine Schande für die Familie. Ich hatte Angst vor zornigen Menschen, und wenn jemand in meiner Umgebung laut wurde, verwandelte ich mich wieder in ein fünfjähriges Mädchen, das um sein Leben fürchtet. Ich war als Heranwachsende stets darauf bedacht, mich selbst zu schützen, und hatte nur schwer Kontakt zu anderen gefunden. Obwohl ich einige dieser Dinge längst mit einem Therapeuten aufgearbeitet hatte und obwohl ich das Thema Selbstverachtung längst unter den Füßen hatte, rüttelte der kürzliche Tod meiner Mutter wieder etwas los und brachte Dinge zum Vorschein, von denen ich selbst nicht gewusst hatte, dass sie da waren. Ich fand mich in einem endlosen Kreislauf aus Zorn und Traurigkeit wieder. Und ich hatte das überwältigende Empfinden, dass wir einander niemals Dinge gesagt hatten, die uns gründliche Heilung gebracht hätten.

Erst nach vielen Jahren habe ich verstanden und als wahr erkannt: Wenn wir nicht die Wahrheit aussprechen, wenn wir nicht sagen, was uns von unseren inneren Geheimnissen und Lügen befreien könnte, dann sickert das Gift aus uns heraus in das Leben anderer hinein. Dann kommen Zorn und Bitterkeit an die Oberfläche, wenn wir es am wenigsten erwarten. Ich weiß es, weil es mir so gegangen ist, und der

Mensch, der in meine Schusslinie geraten ist, war ausgerechnet mein Sohn Christian.

Für ihr zweites Studienjahr an der Texas A&M Universität hatten Christian und drei seiner Freunde ein unmöbliertes Haus gemietet. Die Mütter der drei anderen und ich teilten untereinander auf, wer was für den Haushalt unserer Jungs besorgen sollte. Eine Mutter fand einen Esstisch und Stühle, eine einen Staubsauger und einige Küchengeräte und eine einen Küchentisch und einen Grill. (Das gehört für Jungs in Texas offenbar zwingend zur Grundausstattung.) Barry und ich sollten das Sofa besorgen und eine amerikanische Flagge für die Eingangstür.

Christian beschloss, schon ein paar Wochen vor Beginn des Wintersemesters zu dem Haus zu fahren, um so rasch wie möglich an die Schlüssel zu gelangen. Er war sehr erwartungsvoll und fragte uns, ob wir mitkommen wollten. Wenn man ein Kind im College-Alter hat, womöglich auch noch das einzige Kind, dann ist klar: Wenn dein Kind dich einlädt, irgendwohin zu kommen, dann sagst du natürlich Ja.

Wir verstauten so viele von Christians Sachen im Wagen, wie wir unterbringen konnten, und machten uns auf die dreistündige Reise. Wir holten die Schlüssel ab, die Fernbedienung für die Garage und das Willkommenspaket. Wir fuhren zu einem Möbelgeschäft und fanden ein hübsches Sofa, und nachdem wir per Smartphone Fotos davon an die anderen Jungs und ihre Mütter geschickt und deren Okay eingeholt hatten, kauften wir es. Christan und Barry setzten mich am Haus ab, während sie noch einmal loszogen, um die Fahne und ein paar andere Dinge von der Liste zu besorgen.

Solange sie unterwegs waren, schwang ich den Schrubber, außerdem entsorgte ich die Hinterlassenschaften der Vormieter aus dem Badezimmer (halb leere Zahnpastatuben und gebrauchte Zahnseide). Nachdem ich so viel wie möglich geputzt hatte, ging ich von Raum zu Raum und erbat Gottes Schutz und Segen für die vier jungen Männer. Dann kümmerte ich mich noch mit etwas Öl um die quietschende Eingangstür. Barry und Christian kamen zurück, und wir fuhren zurück nach Dallas. Es war ein wunderbares Wochenende.

In der folgenden Woche erhielten wir einen Anruf. Christians Bett war eingetroffen und bereit zur Auslieferung. Ich konnte nicht mit ihm fahren – ich musste in jener Woche eine Staffel Fernsehshows drehen, aber Barry sagte, er würde mitkommen. Am Abend vor dem geplanten Reisetag gingen Barry und Christian noch einmal mit unseren drei Hunden spazieren. Als sie zurückkehrten, kam Barry aufgebracht zu mir ins Schlafzimmer.

„Was ist los?", fragte ich.

„Christian hat mich richtig geärgert", sagte er. „Er möchte wissen, ob ich wirklich mit ihm in dem Haus übernachten will. Ich wollte ja mitkommen, um ihm zu helfen, aber er verlangt allen Ernstes, dass ich im Hotel übernachte. Ich bin nicht sicher, ob ich überhaupt noch fahren soll."

Das war der Moment, in dem sich Zorn und Traurigkeit im Zimmer breitmachten.

Wir haben den Jungen verzogen!

Er nimmt alles für selbstverständlich!

Er kann gar nicht schnell genug von uns wegkommen, aber vorher sollen wir ihm noch jeden Wunsch erfüllen!

Es hätte mir klar sein müssen, dass das, was ich da empfand, nur wenig mit Christian zu tun hatte, aber umso mehr mit dem Verlust meiner Mutter. Dieser Verlust machte mir immer noch zu schaffen, und ich hatte noch gar nicht begonnen, all diese Emotionen auseinanderzusortieren. Aber anstatt mich zu fragen, warum ich derart unkontrollierten Zorn empfand, anstatt einen ehrlichen Blick auf den Aufruhr in mir selbst zu werfen, projizierte ich alles auf Christian. Ein paar Sekunden später kam Christian nach oben, um nachzuschauen, ob mit seinem Vater alles in Ordnung war, aber bevor er Gelegenheit hatte, etwas zu sagen, brach es aus mir heraus.

„Du hast deinen Vater tief verletzt! Wir machen so viel für dich, und du nimmst es alles für selbstverständlich. Hast du eine Ahnung, wie viel Geld wir für dich investiert haben?"

Und so weiter. Meine Worte flogen wie Kugeln aus einer Maschinenpistole. Nachdem ich all diese unfreundlichen Dinge gesagt hatte, fühlte es sich so an, als sei alle Luft aus dem Raum gewichen. Barry stand auf, wortlos. Christian blickte drein, als hätte ich ihn soeben tödlich verletzt.

„Es tut mir leid", sagte Christian, dann ging er wieder die Treppe hinunter.

Schweigen. Alles, was ich hören konnte, war mein Herz, das heftig klopfte. Ich saß für einen Augenblick da, mir kamen die Tränen.

Ich betete. *Herr, was ist los mit mir? In einem Augenblick war ich noch die liebende Mutter, im nächsten ein Monster.*

Ich saß schweigend im Schlafzimmer. Mein Herz klopfte und klopfte und klopfte. Ich wusste: Ich hatte es vermasselt. Ich hatte überreagiert und meinen Sohn mit dem unbearbeiteten Zorn und der Scham aus meiner eigenen Kindheit besprüht. Mein Verstand kehrte zu einem alten, schambesetzten Gedanken zurück: *Wenn ich nur nicht geweint hätte, als Dad mir mit seinem Stock auf den Kopf schlagen wollte, vielleicht wäre Dad dann immer noch hier. Erst meine Schreie haben Mum veranlasst, ins Zimmer zu stürzen, und haben alles andere in Bewegung gebracht. Ich hätte stattdessen weglaufen sollen. Ich hätte mich verstecken sollen. Wenn ich ihn nur nicht angeblickt hätte, als ob er ein Monster wäre, als ob ich nicht bei ihm sein wollte – wer weiß, vielleicht hätte er sich dann nicht ertränkt.*

Das waren die Lügen, die ich mir immer wieder vorgehalten habe, Jahr um Jahr um Jahr. Und anstatt mich mit ihnen auseinanderzusetzen, habe ich sie schwären lassen, habe ich sie genährt und immer mehr Kraft aufnehmen lassen, bis ich sie nun auf Christian geschleudert habe.

Haben Sie so etwas auch schon mal erlebt? Gerade geht es Ihnen noch prima, Sie lieben Gott und die Menschen, und eine Minute später stolpern Sie über sich selbst? In solchen Momenten weiß man nur zu gut, dass die eigene Reaktion wenig mit dem zu tun hat, was vor einem liegt, aber umso mehr mit dem, was in einem selbst vorgeht.

In Wahrheit habe ich den größten Teil meines Lebens damit verbracht, die Teile von mir abzutrennen, die ich für unerträglich hielt, und all die Furcht, die Scham und den Schmerz wegzusperren. Ich habe mir selbst eingeredet, dass ich niemals und mit niemandem darüber sprechen sollte, noch nicht einmal mit Gott. Im Ergebnis hat mich mein Schweigen isoliert und in Einsamkeit und Verzweiflung gestürzt.

Ich bin in dem Glauben aufgewachsen, dass ich mein wahres Wesen verstecken müsste, weil das kleine Mädchen böse war, böse genug jedenfalls, dass es seinen Dad dazu gebracht hat, sowohl das Mädchen als auch sich selbst umbringen zu wollen. Während meiner Studienzeit, während meiner Gesangskarriere, während der Zeit als Gastgeberin einer eigenen Fernsehshow und auch noch in den Jahren als Vortragsrednerin auf Frauenkonferenzen wollte ich stets in Ordnung sein. Ich dachte, ich wäre es. Ein einziger Anruf – *Mum ist fort, Sheila* – hat genügt, um mein Empfinden von „in Ordnung sein" zu erschüttern. Und schon sickerten die Geheimnisse und Lügen heraus und verletzten die Menschen, die ich am meisten liebe.

Vielleicht gab es ja eine Lösung, einen Ausweg. Vielleicht gab es ja einen Weg, die wunderbare Botschaft Jesu Christi auszuleben, auch mitten in meinem Durcheinander. Nur welchen?

Hoffnungs-Zeichen

Haben Sie sich jemals selbst ertappt in einem der Augenblicke, wo Ihre Reaktion völlig überzogen war im Verhältnis zum auslösenden Ereignis?

Ich möchte Sie ermutigen: Schenken Sie Ihren Reaktionen Aufmerksamkeit. Denken Sie darüber nach. Was passiert in solchen Momenten?

Klagen Sie sich nicht selbst an für das, was in Ihnen eingeschlossen ist. Der Feind unserer Seele klagt an, aber der Heilige Geist bringt uns dazu, dass wir unsere Sünden bekennen und Heilung erfahren. Lesen Sie das folgende Bibelwort. Was sagt es aus im Hinblick auf das Verstecken unseres inneren Durcheinanders?

> Das geknickte Rohr wird er nicht zerbrechen,
> und den glimmenden Docht wird er nicht auslöschen.

Jesaja 42,3 (L)

3. Mauern, die wir bauen

Abschied zu nehmen von meiner Mutter – das hat mich tief-
traurig werden lassen und in Angst und Verzweiflung ver-
setzt, und ich wollte verstehen, warum das so war. Mum hatte ein langes, gutes Leben geführt. Sie hat Gott geliebt, ihre
Gemeinde und ihre Familie. Nun war sie schließlich frei von
Krankheit und Schmerz. Müsste ich nicht froh sein für ihre
neu gewonnene Freiheit? Warum war ich dann so verzweifelt? Warum fühlte ich mich, als hätte ich eine bleischwere
Last auf der Brust? Warum empfand ich eine derartige Panik
direkt unter der Oberfläche? Das ergab für mich keinen Sinn.

Ich bin aufgewachsen mit einem ausgeprägten Sinn für die
Wirklichkeit des Todes. Ich war fünf Jahre alt, als Dad sich
das Leben nahm. Ich weiß nicht mehr, wer mir gesagt hat,
dass Dad tot ist. Er war einfach verschwunden. Wir sprachen
nie darüber, wie wir uns nach seinem Tod gefühlt haben, und
das hat die folgenden fünfundzwanzig Jahre meines Lebens
geprägt. Nun hätte ich eigentlich dankbar einer frommen
Frau gedenken können, die ein ausgefülltes Leben gelebt hatte. Warum aber fühlte sich das für mich an, als ob ich mich
in Trauer auflösen würde?

Am Tag nach Mums Beerdigung saß ich mit übereinan-
dergeschlagenen Beinen auf dem Gästebett im Haus meiner
Schwester und fahndete zunehmend frustriert in meinem

Notebook nach Bibelversen über Trauer. Ich scrollte eine Seite nach der anderen durch und fand allerlei Verse, die von der Traurigkeit des Lebens und zugleich von der Hoffnung handeln, die wir in Christus haben. Verstehen Sie mich nicht falsch: Hoffnung ist etwas Wunderbares. Ich lebe, weil ich diese Hoffnung habe. Aber in jenem Moment wollte ich mich der Wahrheit der Gegenwart stellen und nicht der Hoffnung auf morgen.

Mir kam ein Gespräch in den Sinn, das ich Jahre vorher mit einem der Produzenten meiner Fernsehshow geführt hatte. Ich wollte Gäste einladen, die Erfahrungen mit noch nicht erhörten Gebeten hatten. Dazu müssten eigentlich viele Menschen etwas sagen können. Ich wollte über die Enttäuschungen sprechen, die auch die hingebungsvollsten Gläubigen erleben. Die Reaktion des Produzenten war entmutigend. „Das baut keinen Glauben auf", sagte er mir. Der Wink war klar: Wir sollten eher nach Geschichten von Leuten Ausschau halten, die die erbetenen Wunder erlebt hatten – das würde auch Menschen ermutigen, deren Gebete unerhört geblieben waren. Mir erschien das grausam. Ich stellte mir vor, wie es einer Mutter geht, die von der wunderbaren Heilung eines Kindes hört, während ihr eigenes Kind krank bleibt. Was hat sie falsch gemacht? Ist etwa ihr Glaube nicht fest genug?

Inzwischen kenne ich die Wahrheit – ein Problem verschwindet nicht einfach, indem man behauptet, dass es nicht existiert. Die Tatsache von empfundenem Schmerz zu leugnen baut keinen Glauben auf, es verstärkt vielmehr das Gefühl der Scham und der Isolation. Wenn Sie leiden oder enttäuscht sind oder zornig oder traurig, und zugleich beobachten Sie, dass es allen anderen scheinbar prima geht – auch denen, die offensichtlich mit Schwierigkeiten zu kämpfen haben –, dann beginnen Sie zu überlegen: *Was stimmt nicht mit mir?*

So ging es mir, als ich am Abend nach der Beerdigung

meiner Mutter noch einmal zum Grab ging. Jemand hatte Gras über den Grabhügel gebreitet und Blumen vor dem Grab arrangiert – weiße Lilien, cremefarbene Tulpen und gelbe Rosen. Ich war versucht, laut hinauszuschreien: „Warum machen wir das? Warum schminken wir jede bittere Enttäuschung, jedes klaffende Loch zu und versuchen es hübsch herzurichten?"

Diese Spannung, dieser Schmerz ... Ich fühlte das an jenem Abend, als ich auf die Stelle blickte, wo wir Mum zur letzten Ruhe gelegt hatten. Ich schweifte in Gedanken zurück in eine Zeit, als ich etwa zehn Jahre alt war. Eines Nachts war ich aufgewacht und aufgestanden, um die Toilette aufzusuchen. Als ich am Schlafzimmer meiner Mutter vorbeikam, sah ich Licht durch den Türspalt am Boden. Ich legte meine Hand auf den Türknopf, aber bevor ich öffnen konnte, ließ mich etwas innehalten. Ich hörte Mum gedämpft weinen. Sie schluchzte in ihr Kissen. Ich hatte meine Mutter noch nie weinen sehen, und instinktiv wusste ich, dass sie das auch nicht wollte, also sank ich auf dem Teppich vor der Tür nieder und begann ebenfalls zu weinen. Das war eine meiner frühesten Lektionen über Trauer und Kummer: Kummer teilte man nicht, Kummer war privat. So lernte ich, für mich allein zu weinen.

Ich wünsche bis heute, ich hätte in jener Nacht bei meiner Mutter sitzen können – oder bei anderen Gelegenheiten, wenn sie mit dem Schmerz zu kämpfen hatte. Ich wünsche mir, dass ich ihr hätte beistehen können, nicht nur als meiner Mutter, aber als Schwester im Glauben. Ich wünsche mir, wir hätten gemeinsam die erste Schicht von Verlust und Enttäuschung abtragen und in die verborgenen Dinge darunter eindringen können.

Wie hat sie getrauert?
Hat sie mit Gott über ihren Schmerz gesprochen?

*Hat sie sich von Gott verlassen gefühlt an jenem gewalt-
erfüllten Tag, als vier Männer nötig waren, um meinen
rasenden Vater aus dem Haus zu bringen?*
War sie jemals froh darüber, dass mein Vater fort war?
*Ist sie sich wie eine Verräterin vorgekommen bei solchen
Gedanken?*

Über viele Jahre habe ich angenommen, dass sie darüber nie
sprechen wollte. Mittlerweile denke ich, dass ich falschlag.

Im Herbst 1992 war ich für zwei Wochen in einer Klinik.
Mein Therapeut fragte meine Mutter, ob sie bereit wäre, in
die Staaten zu fliegen und an einigen meiner therapeutischen
Sitzungen teilzunehmen. Mum stimmte zu, und ich buchte
ihren Flug.

Im Behandlungszimmer saß ich auf der Couch, meine
Mutter in einem überdimensionierten Sessel mit Blick auf
mich und den Therapeuten. Mir klopfte das Herz bis zum
Hals, und ich dachte, ich müsste mich übergeben.

Der Therapeut schaute Mum an und sagte: „Sheila möchte
Ihnen etwas sagen."

Mum blickte zu mir. Ich schickte ein Stoßgebet zum Himmel – *Jesus, bitte hilf mir. Ich schaffe das nicht. Wir werden das
nicht überleben.*

„Es ... es tut mir leid. Es tut mir so sehr, so sehr leid, was
ich getan habe. Es tut mir leid, dass ich dir Dad weggenommen und dein Leben ruiniert habe. Bitte vergib mir."

Ich sank auf den Boden mit den Händen vor dem Gesicht.
Ich weiß nicht, was ich erwartet hatte, jedenfalls nicht den
Schrei, der aus dem Mund meiner Mutter kam. Er kam aus
tiefstem Herzen, aus einer ganz tief verborgenen geheimen
Quelle. „Es war nicht deine Schuld", sagte sie schließlich, als
sie wieder sprechen konnte. „Es war meine."

In Gegenwart des Therapeuten haben wir an diesem Tag
einander unsere Verletzungen offenbart und gemeinsam ge-

litten. Einiges von jenem Gespräch geht nur Mum und mich an, aber es war das erste Mal in dreißig Jahren, dass wir wirklich über Dad sprachen. Ich habe an diesem Tag begriffen, dass Mum eine unerträgliche Last mit sich herumschleppte. Sie hatte über Jahrzehnte geglaubt, dass sie meinem Dad allzu lang erlaubt hatte, in unserem Heim zu bleiben. Dieses Gespräch dauerte nicht lang, es war nur ein Moment. Und es hat keinen offenen Austausch eröffnet, der sich in den folgenden Jahren fortgesetzt hätte.

Es hat Mum viel gekostet, sich zu öffnen – alte Wunden brachen auf, und es verstieß gegen ihre Vorstellung von Privatheit. Mir wurde damals auch klar, dass Mum ebenso lang die Schuld am Tod meines Vaters getragen hatte, wie ich an der Scham über seinen Tod gelitten habe. Und da wurde mir auch bewusst, dass die meisten von uns ihren Schmerz verstecken. Auch habe ich damals erstmals zweierlei verstanden: Schweigen gebiert Lügen, und Schweigen ist tödlich. Die Wahrheit auszusprechen mag zwar schwerfallen, aber das Aufdecken der bitteren Geheimnisse kann Heilung bringen.

Nicht jeder Verlust, nicht jede Enttäuschung wiegt gleich schwer. Manche Lasten sind leichter zu tragen als andere. Auch das weiß ich inzwischen. Wohl deshalb hat Paulus die Christen in Galatien aufgefordert, einer solle des andern Last tragen (Galater 6,2). Ein paar Sätze später allerdings schreibt er: „Jeder wird seine eigene Bürde zu tragen haben" (Galater 6,5, EÜ).

Auf den ersten Blick ist dieser Abschnitt etwas verwirrend. Paulus scheint sich selbst zu widersprechen. Wie können wir die Last des jeweils anderen tragen, wenn zugleich von uns erwartet wird, dass wir die eigene Bürde tragen? Man muss schon etwas tiefer graben, dann wird die Sache klar. Mir ist aufgefallen, dass hier schon im Altgriechischen zwei unterschiedliche Begriffe stehen. *Last* entspricht dem griechischen *báros*, und das steht für eine schwere Last oder eine Schiffsladung. Das griechische Wort für *Bürde* ist *phortíon*, und das wird im Neuen Testament ausschließlich für die Last gebraucht, von der Jesus gesprochen hat – eine Last, die nur er uns zu tragen helfen kann: „Denn mein Joch ist sanft und meine Last ist leicht" (Matthäus 11,30; L).

Der Unterschied ist mir vermutlich erst im Lauf der Jahre klar geworden. Es gibt Verluste, die wiegen schwer wie eine Schiffsladung – unerträglich schwer. Wir können sie nicht schultern. Und dann sind wir verzweifelt auf die Hilfe anderer angewiesen. Wenn wir mit dieser Art Last, mit *báros*, alleingelassen werden, wird uns das verändern.

Als ich aufwuchs, hatte ich an meiner eigenen Schiffsladung zu schleppen. Ich hatte verinnerlicht – auch wenn mir das niemand ausdrücklich gesagt hat –, dass ich niemanden brauchte, um die Last des Verlustes meines Dads zu tragen. Ich hatte mir nicht erlaubt, Trauer oder Wut oder etwas ähnlich Überwältigendes zu empfinden, denn es war nicht gestattet zu zeigen, dass ich leide – davon war ich überzeugt. Das war mir nicht befremdlich vorgekommen, ich habe das nur auf meine zurückhaltende schottische Persönlichkeit zurückgeführt. Ich konnte mit anderen leiden, wenn sie Kummer hatten, ich konnte ihnen sogar helfen, ihre Last zu tragen, aber ich hätte selbst nie jemanden gebeten, mich beim Tragen meiner eigenen Last zu unterstützen. Ich versteckte mich, ich musste alleine klarkommen.

Heute weiß ich, dass ich mir einen geheimen Platz in mir selbst eingerichtet hatte, von dem ich überzeugt war, dass mich dort kein Mensch, kein Schmerz, keine emotionale Bedrohung erreichen würde. Es war ein Versteck. Wie immer genau dieses Versteck beschaffen war, es bekam erste Risse in meiner Zeit in der Therapie, und viele Jahre später am Grab meiner Mutter begann es auseinanderzufallen. Es war mir nie klar gewesen, dass die Scherben meiner Kinderzeit mich ins Erwachsenenleben begleiteten. Ich hatte sie all die Jahre mit mir geschleppt, tief im Keller meiner Seele verborgen. Und nun begannen die Bruchstücke und all der Schmerz die Kellerwände von innen nach außen aufzubrechen.

Schon immer habe ich eine Gemeinschaft um mich gebraucht – wir alle haben das nötig. Aber für mich war Gemeinschaft zugleich das, was ich am meisten fürchtete. Deshalb habe ich mich selbst inmitten einer Gemeinschaft noch versteckt. Dazu brauchte ich jenen geheimen Keller. Ich fragte mich: *Was passiert, wenn ich dir mein wahres Ich zeige? Was, wenn ich dir Einblick gewähre in meine persönlichsten Gedanken und Gefühle und wenn du dann genauer hinschaust? Wirst du dann ein furchtsames, gebrochenes kleines Mädchen sehen? Jemanden, der sie nicht alle beieinander hat? Jemanden, der nicht weiß, wie er dem Jesus vertrauen soll, über den er so gern predigt? Würdest du dich dann abwenden und weggehen? Und was würde ich dann tun? Wie käme ich klar ohne mein Versteck?*

Nun sollte man meinen, dass ich innerhalb einer christlichen Gemeinschaft – speziell innerhalb der Kirchengemeinde – meine Scham, meine Panik, meine Furcht offen hätte ansprechen können. Aber ich weiß, dass manchmal unsere christliche Gemeinschaft die Feuerstelle ist, über der Scham überhaupt erst geschmiedet wird. Viele von Ihnen werden das bestätigen können. Allzu oft erzeugt das offene Bekenntnis von versteckten Gedanken und Scham gerade noch mehr Scham, und das führt wiederum dazu, dass man sie noch gründlicher versteckt. Das ist tragisch. Und so leben wir weiter abgeschnitten von der Hilfe und von der Heilung, die wir dringend brauchen.

Die Bibel berichtet von vielen Menschen, die ein schamerfülltes Leben geführt haben, bis sie Jesus in die Augen geschaut haben. In seinen Augen stieß ihre Scham auf leidenschaftliche Liebe und zerfiel zu Asche. Es gab so viele Frauen, die von ihrer Kultur beschämt und ausgegrenzt worden waren, aber von seiner Liebe wiederhergestellt wurden: eine Prostituierte, die Frau am Jakobsbrunnen, eine Frau, die beim Ehebruch ertappt und zu Jesus geschleppt worden war. Er sah sie unter denkbar erbärmlichen Umständen – und liebte sie.

Das gilt auch heute noch. Jesus Christus hasst die Sünde und die zerstörerische Scham – vielleicht ganz besonders die verborgene Sünde und Scham, aber zugleich liebt er uns leidenschaftlich. Die zerstörerische Botschaft der Scham lautet, dass wir nicht nur falschliegen, sondern falsch sind. Das ist eine Lüge, und die ist vor zweitausend Jahren mit Christus ans Kreuz genagelt worden. „Die auf den Herrn schauen, werden strahlen vor Freude, und ihr Angesicht soll nicht schamrot werden" (Psalm 34,6).

Christus hat unsere Sünde und Scham ans Kreuz getragen und hat sie damit ans Licht gebracht und ihre Macht über uns gebrochen. Christus hat uns den Auftrag gegeben, die Menschen, die mit uns auf dem Weg sind – die anderen Schamträger, die Geheimnishüter –, genauso zu lieben, wie er uns liebt. Er hat uns aufgetragen, sie ins Leben zurückzulieben. Es ist unsere Berufung, sie wissen zu lassen, dass die Scham kein Existenzrecht mehr hat. Sie ist vor zweitausend Jahren am Kreuz gestorben, und wir müssen sie nicht wieder auferwecken. Wir können anderen helfen, ihre Last zu tragen, ohne ihnen das Gewicht der Scham aufzubürden.

Die beharrliche Liebe Jesu Christi reicht auch in die verborgensten Winkel unserer Scham. Das weiß ich heute. Wenn ich die Geschichte meines Lebens betrachte, erkenne ich: Jesus hat mich mit Menschen zusammengebracht, die mir helfen, meine Last ohne Scham zu tragen. Sie haben meine privaten Lügen zurechtgerückt und die finsteren Geheimnisse aufgedeckt, die mich so lange in Einsamkeit und Isolation gehalten haben. Jesus wirkt mit seiner behutsamen Gnade auch an unerwarteten Stellen in meinem Leben, und dafür bin ich ihm dankbar.

Ein Jahr vor dem Tod meiner Mutter saß ich in einer Lounge am Flughafen, bereit zum Boarden der Maschine, als die frustrierende Ansage erfolgte: „Flug ... nach Dallas, Texas, planmäßiger Start 15.30 Uhr, wird heute um 17.30 Uhr abheben. Wir danken für Ihre Geduld."

Beim Blick in die Runde der wartenden Passagiere kamen mir Zweifel an der vom Ansager gepriesenen Geduld. Bei einigen lagen die Nerven blank, denn die Abflugzeit wurde bereits zum dritten Mal nach hinten verschoben. Ich schnappte meine Aktentasche und kehrte zu dem Café zurück, in dem ich bereits den größten Teil der vergangenen zwei Stunden verbracht hatte. Ich bestellte eine Tasse Tee und wollte mich gerade in meine Zeitung vertiefen, als ich bemerkte, dass jemand vor mir stand. Ich schaute auf. Eine Frau in meinem Alter, groß gewachsen und schmal mit kurzen blonden Haaren lächelte mich an und fragte: „Macht es Ihnen etwas aus, wenn ich mich einen Moment zu Ihnen setze?"

„Natürlich nicht", sagte ich.

„Ich habe Sie auf einer Konferenz gehört", sagte sie. „Das hat dazu geführt."

Sie schob den Ärmel ihres Pullovers hoch. Auf ihrem Handgelenk wurde ein Tattoo sichtbar – ein Semikolon.

„Darf ich fragen, was das bedeutet?"

Sie blickte hinunter auf das Tattoo und rieb mit ihren Fingern über die Tinte.

„Es bedeutet, dass man sich entscheidet, einen weiteren Tag zu leben", sagte sie. „Ich gehöre zu einer Bewegung."

„Was ist das für eine Bewegung?", fragte ich.

„Sie nennt sich *Projekt Semikolon*." Das sei eine Gemeinschaft zur Unterstützung von Menschen, die mit Selbstverletzung und Suizidgedanken zu kämpfen haben, erklärte sie mir. Für Menschen, die unter psychischen Krankheiten oder Abhängigkeiten leiden. Sie war auf einer Konferenz der *Saddleback Church* gewesen, erzählte sie, und das hat ihr Leben verändert. „Ich bin dem Projekt Semikolon beigetreten, nachdem ich Ihren Vortrag gehört habe."

Ich konnte mich gut an die Konferenz erinnern. Kay Warren hatte mich eingeladen als Referentin beim alljährlichen *Church and Mental Health Symposium.* Diese Konferenz war letztlich eine Folge des Suizids von Kay und Rick Warrens Sohn Matthew. Ich weiß noch, dass ich ungewöhnlich nervös war, als ich mich auf den Einstiegsvortrag am ersten Tag der Konferenz vorbereitete. Ich war mir nicht sicher, was ich dort einbringen könnte. Die Referentenliste war gewichtig und einschüchternd: der stellvertretende Sanitätsinspektor des Gesundheitsdienstes der USA Vivek Murthy, der langjährige Vorsitzende der Amerikanischen Psychiatrischen Vereinigung Paul Summergrad, der ehemalige Kongressabgeordnete Patrick Kennedy und viele andere.

Mein Vortrag sollte die Konferenz eröffnen, wofür ich dankbar war, denn so musste ich wenigstens nicht nach einem dieser hoch gehandelten Spezialisten sprechen. Ich erinnere mich auch an die ersten Sätze des Vortrags. Denn die längste Zeit meines Lebens hätte ich so etwas nicht aussprechen können:

„Guten Abend. Mein Name ist Sheila Walsh, und ich betrachte meine psychische Störung als Geschenk, für das ich dankbar bin. Denn so kann ich einem anderen Menschen, der ebenfalls leidet, in die Augen blicken und sagen: ich auch."

Ich auch.

Zwei kleine Worte. Was hätte ich dafür gegeben, wenn jemand mir das in den Wochen vor meinem Zusammenbruch gesagt hätte! Aber damals hat sich die Kirche kaum jemals mit dem Feld psychischer Störungen befasst.

Ich blickte die Dame mir gegenüber in dem Flughafencafé an und fragte: „Was bedeutet das Semikolon?"

Sie sah wieder auf ihr Handgelenk und sagte: „Autoren verwenden ein Semikolon dort, wo ein Satz eigentlich enden könnte – aber sie haben sich entschieden, dass der Satz weitergehen soll. Ich bin Autorin, und der Satz ist mein Leben."

Sie sagte mir, dass das Tattoo jedes Mal dann, wenn sie die Hände zum Lobpreis erhebt, zu einem kleinen Opfer wird. Es erinnert sie jeden Tag an ihre Zerbrochenheit und an ihren Glauben.

„Das ist stark", sagte ich.

„Ich muss jetzt los. Mein Flug ist aufgerufen", sagte sie und schnappte ihren Rucksack.

Ich dankte ihr, dass sie mir ihre Geschichte erzählt hatte. Und ich meinte es ernst. Ich hatte ihre Worte nötig gehabt.

Nachdem sie gegangen war, dachte ich über das kleine Tattoo an ihrem Handgelenk nach. Was war so besonders an diesem Symbol, dass es ihr so sehr helfen konnte? Vielleicht bestärkt es sie darin, im Kampf mit den dunkelsten Nächten der Depression nicht aufzugeben. Vielleicht gibt es ihr ein Ziel. Ermutigt sie dranzubleiben. Das Symbol signalisiert ihrer traurigen Seele, dass ihre Geschichte noch nicht zu Ende ist, selbst wenn ihr Verstand das Gegenteil behauptet.

Vielleicht lässt das Semikolon sie auch wissen, dass sie nicht allein ist. Es erinnert sie an die Gemeinschaft um sie herum, die ihr zuspricht: „Ich auch." Scham und Selbstverachtung verstecken sich und suchen die Einsamkeit. Sie flüstern:

Du bist ganz allein.
Du schaffst das niemals.
Du wirst dich nie ändern.

Freiheit gibt es in einer Gemeinschaft von „Ich-auch"-Menschen, von Menschen, die einem helfen, die eigene Last zu tragen. Meine Gesprächspartnerin ist Teil des Projekts Semikolon geworden, das war offensichtlich eine solche Gemeinschaft. Die Menschen dort sind keine Experten. Sie verstehen, weil sie offen zu ihrem eigenen Leiden stehen, und sie helfen ihr, die Lügen zu bekämpfen. Sie helfen ihr, sich selbst zu erkennen und sich so anzunehmen, wie sie ist. Diese Art von Gemeinschaft hungert die Scham gewissermaßen aus.

Dass sie sich anderen Menschen geöffnet hat, die ihre Geschichte verstehen konnten, hat ihr Kraft zum Weitergehen verliehen.

Ich musste an Zachäus denken und an seine Begegnung mit Jesus. Zachäus hatte sich die Verachtung der meisten seiner Mitmenschen zugezogen. Er war zwar Jude, aber zugleich kollaborierte er als Zolleinnehmer mit den römischen Besatzern. Die Römer rekrutierten lokale Kräfte für diese zweifelhafte Aufgabe. Jedem Zolleinnehmer stand ein gewisser Prozentsatz von den erhobenen Zöllen zu. Zachäus und seine Kollegen allerdings gönnten sich mehr als diese Quote. Sie verhielten sich wie Parasiten, saugten ihre eigenen Landsleute aus. Entsprechend geschockt waren die Leute, als Jesus sich ausgerechnet bei Zachäus zum Essen einlud. Wir konnte er sich ausgerechnet mit einem solchen Menschen abgeben?

So hat Jesus ihnen geantwortet: „Der Menschensohn ist gekommen, um zu suchen und zu retten, was verloren ist" (Lukas 19,10; NGÜ). Ich dachte an diesen Satz, der mich vor einigen Jahren intensiver beschäftigt hat. **Das Wort, das hier im Altgriechischen für *verloren* steht, bedeutet „zerstört, ruiniert, nicht mehr zu reparieren."**

Ich dachte wieder an die Dame und an ihr Semikolon-Tattoo. Ich dachte an Jesus, der erklärtermaßen nicht für die „Danke-der-Nachfrage,-mir-geht's-gut"-Fraktion gekommen ist. Er kam, um die zu retten, die offen zugeben, dass sie kaputt sind. Nicht mehr zu reparieren. Auch heute noch kommt Jesus auf seine behutsame Art an die Türen unserer Verstecke und bittet sich selbst herein, um mit uns Tischgemeinschaft zu halten.

Jesus kommt zu uns in unsere düsteren Ecken und holt

uns ins Licht. Er sucht die Gemeinschaft mit uns, möchte uns helfen, die Last des Schmerzes und der Scham zu tragen, die wir in uns verbergen.

Ich bin mir sicher, dass ich nicht als Einzige Mauern um Teile meines Selbst errichtet habe. Wir alle wissen, dass Schmerz zum Leben gehört, aber wenn uns zu viel Schmerz auf einmal widerfährt, wenn es allzu früh im Leben passiert oder wenn wir uns dem Schmerz gegenüber hilflos fühlen, dann kann er uns glauben machen, dass wir so nicht mehr weiterleben wollen. Deshalb errichten wir jene geheimen Plätze in uns, an die wir uns verkriechen können. Der Schmerz kann uns auch dorthin folgen, aber wir glauben, dass er uns dort nicht so wehtun kann, als wenn wir uns ihm offen stellen. Und wir geben uns dem Irrglauben hin, dass unsere Umgebung nichts davon mitbekommt.

Wir können zwar behaupten, dass alles mit uns in Ordnung ist. Und möglicherweise kann uns das, solange wir Kinder sind, tatsächlich helfen. Im Lauf der Jahre haben mir Frauen von schlimmsten Erfahrungen im Kindesalter erzählt – Geschichten von Missbrauch und Verrat, so unerträglich, dass ich mich gefragt habe, wie sie das überleben konnten. Vielleicht haben manche überlebt, indem sie den Schmerz tief in ihrem Innern vergraben haben. Aber ich weiß von einigen, dass sie eine Alternative entdeckt haben: Sie leben zwar gebrochen, aber offen mit Jesus.

Meine neue Freundin mit ihrer Tätowierung behauptet nicht, dass ihr Schmerz verschwunden ist, aber sie setzt ihn dem Licht des gekreuzigten Erlösers aus. Er hilft ihr mit seinen gezeichneten, liebenden Händen. Er hat in den Rettungsplan des göttlichen Vaters eingewilligt und musste dafür einen blutigen und von Leid gezeichneten Weg gehen. So kann er all denen von uns zurück ins Leben verhelfen, die Ja zu ihm sagen – und nicht zu den Lügen, die uns im Dunkeln halten wollen.

Hoffnungs-Zeichen

Ich weiß, dass Ihre Lebensgeschichte eine andere ist als meine, aber Schmerz ist Schmerz, und Sie sind nicht allein.

In Lukas 19 reist Jesus auf dem Rücken eines Esels nach Jerusalem. Die Menschen heißen ihn mit offenen Armen willkommen und rufen ihm zu: „Gepriesen sei der König, der im Auftrag des Herrn kommt! Gott hat Frieden mit uns geschlossen. Lob und Ehre sei Gott hoch im Himmel!" (Lukas 19,38; HfA).

Dann berichtet Lukas, dass Jesus den Blick über die Heilige Stadt schweifen lässt. Er bricht in Tränen aus, „denn du hast den Tag nicht erkannt, an dem Gott dir zu Hilfe kommen wollte" (Lukas 19,44; GN).

Gerade noch hat Lukas vom Panorama Jerusalems geschrieben, dann aber fasst er das traurige Gesicht von Jesus in den Blick. Warum wohl hat Jesus in diesem Augenblick geweint?

Ich frage mich manchmal, ob Jesus auch über uns weint, wenn er auf unsere Herzen blickt und sieht, wie wir unsere Scham und unseren Schmerz zu verbergen suchen, selbst wenn wir unsere Stimme zum Lob erheben. Gibt es etwas, das Sie in sich versteckt haben und von dem Sie ahnen, dass es ins Licht Christi gehört?

Meine Freundin Ann Voskamp malt jeden Tag ein kleines Kreuz auf ihr Handgelenk zur Erinnerung an den Einen, der für sie verwundet wurde, sodass sie sich nicht selbst verletzten muss. Was würde Ihnen helfen, sich in den schwierigen Momenten des Lebens an die unaufhörliche Liebe Jesu Christi zu erinnern?

Gott ist unsre Zuversicht und Stärke,
eine Hilfe in den großen Nöten,
die uns getroffen haben.

Psalm 41,2 (L)

4. Sie müssen sich nicht verstecken

In einem Raum, in dem Menschen einmütig
eine Verschwörung des Schweigens pflegen,
klingt ein wahres Wort wie ein Pistolenschuss.

Czeslaw Milosz

Zwei Tage vor dem Tod meiner Mutter hatten Barry und ich
Vorbereitungen für eine Reise nach Kalifornien getroffen.
Wir hatten Flüge gebucht und ein Hotelzimmer reserviert
an unserem bevorzugten Ort an der Küste. Dort wollten wir
unsere sommerlichen Geburtstage feiern. Ich freute mich darauf, denn es sollte der erste gemeinsame Urlaub seit Langem
werden. Früh um fünf am Morgen der Abreise wurde ich
wach, brühte Kaffee auf und ließ die Hunde in den Garten.
Ich saß in der frischen Morgenluft, der Mond stand noch am
Himmel, und ich genoss die Stille. Ich rief mir den Psalmvers „Seid still und erkennt, dass ich Gott bin" in Erinnerung
(Psalm 46,11; L).

Wie ich so dasaß in der Stille jenes Morgens, hatte ich
das starke Empfinden, dass Gott mir signalisierte, wir soll-

ten die Reise nicht machen. Das ergab freilich überhaupt keinen Sinn. Wir beide brauchten eine Auszeit. Das wusste auch Gott, aber ich konnte den Eindruck trotzdem nicht abschütteln. Als Barry aufwachte, erzählte ich ihm davon, und er sagte: „Wenn Gott dir sagt, geh nicht, dann gehen wir eben nicht." Zwei Tage später rief mich Frances an, und ich flog nach Schottland, um mich um die Beerdigung meiner Mutter zu kümmern.

Einen Monat später, längst wieder zurück in Dallas, war ich gerade erst dabei, all meine Gefühle zu sortieren. Es galt Christians nächstes Collegejahr vorzubereiten, und wir hatten eine Menge Verpflichtungen zu erfüllen. Als der Tag der Arbeit[7] nahte, war ich müde und emotional ausgepumpt und brauchte dringend Erholung. Unsere Hotelreservierung in Kalifornien war natürlich Geschichte, und nachdem wir Christian glücklich in seiner neuen Bleibe am College untergebracht hatten, war Ebbe im Portemonnaie. Also fragte ich Gott, ob er nicht eine Möglichkeit eröffnen könnte. Ich betete und wartete.

Ein paar Tage später erzählte mir ein Freund, dass die Leute, die sein Ferienhäuschen auf *North Padre Island* vor der texanischen Küste gemietet hatten, möglicherweise ihre Reservierung stornieren würden. Wenn, dann wollte er, dass ich das Häuschen nutze.

An diesem Abend betete ich: *Wenn das eine gute Sache ist, Herr, dann mach diese Tür auf. Wenn nicht, dann schließ sie zu.* Am nächsten Morgen rief mein Freund an und sagte, es sei alles meins. Das war die offene Tür, auf die ich gewartet hatte, und ich war voll Vorfreude und Dank. Ich würde eine Woche am Golf von Mexiko erleben, mietfrei, und da die Insel zu Texas gehört, konnte ich sogar dorthin fahren! Das war eine besondere Gnade für mich. Kein Make-up, keine High Heels – nur T-Shirts und eine Baseballkappe.

Barry wusste, dass ich etwas Zeit für mich brauchte, und

so bot er an, mit den Hunden zu Hause zu bleiben, während ich mich ausruhen und Zeit mit Gott verbringen würde. Ich plante meine Tour und fand heraus, dass die Anfahrt sechseinhalb Stunden dauern würde – ohne Pause wohlgemerkt. Kurz nach neun Uhr stieg ich ins Auto, nachdem mir Barry einen Abschiedskuss gegeben hatte. Zum Glück fehlten mir nur noch eine Diätcola und ein Hörbuch. Das besorgte ich mir bei einem kurzen Stopp, und dann war ich auf dem Weg in den Urlaub.

Nach etwa einer Stunde auf der Piste begann das Theater. Die Klimaanlage stellte den Dienst ein, und das an einem Tag, der brüllend heiß zu werden versprach. Dabei konnte das eigentlich nicht sein, denn ich hatte den Wagen erst seit einem halben Jahr. Ich drehte die Lüftung auf Maximum und testete, ob sich die Klimaanlage überlisten und zum Anspringen bewegen ließe – ohne Erfolg. Ich schaltete sie aus und fuhr eine Weile weiter, aber nach einer Stunde rann mir der Schweiß über die Stirn und in die Augen. Ich öffnete die Seitenscheiben in der Hoffnung, dass die frische Luft mir Kühlung verschaffen würde. Das tat sie auch, aber nur, bis eine halbe Stunde später der Sturm einsetzte. Quasi aus dem Nichts öffnete der Himmel seine Schleusen, und bevor ich die Scheiben wieder geschlossen hatte, war ich nass bis auf die Haut. Der Verkehr stockte, die Autos schalteten die Scheinwerfer ein, denn der Regen war so dicht, dass man fast nichts sehen konnte.

Ich versuchte es mit abwechselnd Scheiben hoch und Schweißausbrüchen und dann wieder Scheiben runter und unfreiwilliger Dusche. Ich rief Barry an und berichtete ihm von meinem Dilemma – wo ich doch noch viele Stunden Fahrt vor mir hatte. Er sagte, ich solle erst mal anhalten – was kein Problem war, denn der Verkehr war völlig zum Erliegen gekommen. Barry wollte nach einer Lösung suchen. Gefühlte Stunden später rief er wieder an und erzählte mir, dass der örtliche Autohändler auf Padre Island noch einen Werkstatttermin frei hatte vor dem Feiertag. Den könnte ich wahrnehmen, wenn ich mit dem Wagen bis neun Uhr am nächsten Tag zur Stelle wäre. Dankbar akzeptierte ich das Angebot.

Neun Stunden später erreichte ich das Ferienhaus, tropfnass und müde. In dem Moment bemerkte ich, dass der Pick-up, der mir die letzten zwei Meilen schon gefolgt war, ebenfalls auf das Grundstück einbog. So schnell ich konnte, stellte ich den Wagen ab und hastete ins Haus. Durchs Küchenfenster spähte ich bang hinaus: Hatte der Pick-up vor einem der benachbarten Eingänge geparkt? Nein, er stand direkt neben meinem Auto.

Es machte mich nervös, dass ich allein im Haus war. Ich sagte mir, dass einer der Passagiere des Pick-ups vermutlich nebenan wohnte. Vielleicht hatten die Insassen lediglich eine Diskussion und parkten deshalb. Oder standen sie vielleicht auf der Liste der meistgesuchten Verbrecher des FBI? Ich machte mir eine Tasse Tee und wartete ab. Eine Stunde nach der andern verging. Gegen drei Uhr morgens verschwand der Pick-up, und ich fand endlich Schlaf.

Am nächsten Morgen brühte ich Kaffee auf und stieg dann ins Auto, um meinen Termin bei der Werkstatt wahrzunehmen. Aber als ich den Wagen startete, stellte ich fest, dass die Klimaanlage sich inzwischen wundersamerweise berappelt hatte. Dankbar für den Strafaufschub sagte ich der Werkstatt ab und fuhr direkt zum örtlichen Einkaufsmarkt. Ich erwarb ein Handtuch, ein Buch, eine Flasche Wasser und eine einfache Klappliege.

Keine Stunde später erklomm ich die Sanddünen und hatte den Atlantik vor mir. Ich suchte mir ein einsames Fleckchen im Sand in beruhigender Höhe über der Wasserlinie und platzierte meine Habseligkeiten und meine Klappliege. Sobald ich mich hinsetzte, klappte die Liege über mir zusammen. Ich saß buchstäblich in der Falle. Außer einem herrenlosen Hund, der aus dem Nichts auftauchte und an meinen Füßen leckte, konnte ich auf diesem Abschnitt des Strands niemanden sehen. Und ich hatte keine Ahnung, wie ich aus meiner misslichen Lage herauskommen könnte. Bis ich mich dann schließlich befreit hatte, hatte ich Schrammen und blaue Flecken an den Beinen, und es hatte begonnen zu regnen. Meinem schwanzwedelnden Freund ließ ich das durchnässte Handtuch zurück und machte mich auf den Weg zurück zur Ferienwohnung. Die Woche lief leider nicht wie geplant, und nach einer Reihe weiterer Missgeschicke – die zu beschreiben zu ermüdend wäre – beschloss ich, den Urlaub abzubrechen und wieder heimzufahren.

Ich warf meine Taschen in den Wagen und machte mich auf Richtung Dallas. Nach einer Stunde Fahrt verweigerte die Klimaanlage erneut den Dienst. Diesmal versuchte ich erst gar nicht die Fenster zu öffnen. Stattdessen fuhr ich einfach weiter – schwitzend, wütend. Als die erste Gewitterböe am Auto rüttelte, dachte ich: *Ha! Du dachtest wohl, du erwischst mich wieder unvorbereitet, stimmt's? Aber diesmal sind die Fenster zu!* Was unglücklicherweise nicht auf das Schiebedach zutraf. Bis ich es geschlossen hatte, war ich einmal mehr durchweicht. Ich kam gegen Mitternacht zu Hause an in einer erbärmlichen Verfassung. Barry empfing mich an der Tür mit einem Stapel Handtücher und einer Tasse Tee.

Nichts war so gelaufen, wie ich es mir vorgestellt hatte. Es war nicht die schlimmste Erfahrung meines Lebens, und es war mit Sicherheit nicht der Weltuntergang, aber es war eine Enttäuschung gewesen. Und es fühlte sich schlimmer an als das. Ich fühlte mich wie auf der Kippe, so wie beim Klötzchenstapeln in Kindertagen, wo man sich sagt: *Eines geht noch*, unmittelbar bevor der Turm in sich zusammenstürzt. Meine Erfahrung war nicht lebensbedrohlich gewesen, hatte mich nicht über die Maßen beansprucht, und doch war es ein entscheidender Moment, an dem nichts im Leben – noch nicht einmal eine geistliche Einkehrzeit – einen Sinn ergab. Ich war der festen Überzeugung gewesen, dass Gott mir diese Tür geöffnet hatte. Ich hatte ihn ja auch ausdrücklich gebeten, die Tür zu schließen, falls das sein Wille war. Ich fühlte mich entblößt, ausgezehrt, enttäuscht von Gott und verletzt. All die altbekannten unguten Gefühle meldeten sich zurück.

Vermutlich hatte ich gedacht, ich hätte die ganze Depressionsgeschichte unter Kontrolle. Die Krankheit war nicht völlig ausgeheilt, aber ich konnte damit umgehen. Auch deshalb hatte ich mich bereit erklärt, beim Church and Health Symposium zu sprechen, weil ich davon überzeugt war, dass ich das Schlimmste hinter mir hatte auch dank eines Systems, das funktioniert hatte. Ich nahm brav und nach Plan meine Medikamente ein. Ich versuchte mich gesund zu ernähren und fit zu bleiben. Ich pflegte verbindliche Gemeinschaft – mit Barry und mit meinen drei engsten Freundinnen Lisa Harper, Sandi Patty und Lisa Bevere, die mich alle sehr gut kennen. Wenn ich einen schlechten Tag hatte, konnte ich sie anfunken, und sie würden sofort reagieren.

Sollen wir eine Telefonkonferenz halten?
 Wir beten auf den Knien für dich.

Es hatte sich für mich so angefühlt, als hätte ich einen guten Zufluchtsort gefunden, den ich jederzeit ansteuern konnte – vielleicht nicht perfekt, aber sicher. Und nun zog mir etwas so Geringfügiges wie ein enttäuschend verlaufener Kurzurlaub den Boden unter den Füßen weg. Natürlich lag es nicht am Urlaub, genauso wenig wie an Christian, als der Barry gebeten hatte, im Hotel zu übernachten. Gott hatte die enttäuschenden Erfahrungen genutzt, um mich auf sich aufmerksam zu machen, und so, wie ich meinen Zorn auf

Christian gerichtet hatte, richtete ich nun meinen Zorn auf Gott.

Der Urlaub? Das war reine Zeitverschwendung! Ich habe mir ja nicht viel gewünscht, nur eine kurze Auszeit. Du hättest es mir versagen können. Ich wäre damit klargekommen. Nachdem Mum gestorben war und Christian zurück ans College gegangen ist, war das wirklich zu viel verlangt, dass ich ein paar Tage am Strand entspannen wollte? Warum hast du mir das nicht gegönnt? Ich bin traurig, ich bin sauer, und ich bin so was von müde!

Und was habe ich als Reaktion von Gott darauf bekommen? „Ich weiß. Es tut mir leid, dass du es so empfindest. Lass es alles raus. Sag mir alles."

Das habe ich, wenn ich mich recht entsinne, dann auch getan. Ich habe alles, was mich quälte, vor Gott ausgesprochen. Ich habe ihn zu dem Geheimversteck geführt, wo ich meine Empfindungen verborgen hatte. Ich war es leid, immer das „Gute Mädchen" zu sein, das immer die richtigen Worte sagt, egal wie schwer das Leben war. Ich habe zum ersten Mal in meinem Leben über meine innersten Regungen nachgedacht, und ich habe sie alle vor Gott ausgebreitet.

Du hättest verhindern können, dass mein Dad sich umbringt.

Du hättest zumindest mich bewahren können vor dieser Wut.

Weißt du eigentlich, wie sehr ich mich dafür gehasst habe, dass ich lebe und er gestorben ist?

Weißt du, wie beschämt ich mein ganzes Leben hindurch war?

Weißt du, wie sehr ich mich gerade fürchte?

Weißt du, wie klein ich mir vorkomme?

Weißt du, dass ich nie das Gefühl hatte, als ob ich irgendwohin gehöre?

Weißt du, wie sehr ich meine Mum vermisse?

Ich schüttete alles aus, bis nichts mehr übrig war. Ich weinte und weinte, bis ich keine Tränen mehr hatte. Mir kamen Bibelverse in den Sinn, die ich anderen zugesprochen hatte, als sie selbst leidend waren, darunter diese: „Die Augen des Herrn merken auf die Gerechten und seine Ohren auf ihr Schreien. Wenn die Gerechten schreien, so hört der Herr und errettet sie aus all ihrer Not. Der Herr ist nahe denen, die zerbrochenen Herzens sind, und hilft denen, die ein zerschlagenes Gemüt haben. Der Gerechte muss viel leiden, aber aus alledem hilft ihm der Herr" (Psalm 34,18-20; L).

Aber das verschaffte mir keinen Trost. Stattdessen stellte ich die Verheißung infrage.

Aber du hast meinem Dad nicht geholfen. Du hast mich nicht gerettet. In den Psalmen heißt es doch, dass du uns aus aller unserer Not errettest. Gilt das nicht mehr?

Stille. Ich hatte mich immer davor gefürchtet, dass die Wahrheit mich einsam machen würde, aber an diesem Tag entdeckte ich, dass ich mich nie weniger einsam gefühlt habe – ich gewann eine überraschende Einsicht: Gott ist bei mir, wenn ich die ganze Wahrheit ausspreche, und er erleichtert mir die Last.

Ich richtete mich auf, während mich die Stille überkam. Dann nahm ich meine Bibel zur Hand und mein Tagebuch. Ich fühlte mich hingedrängt und hingezogen zu einer Geschichte, die mir gut vertraut war, die ich aber noch nie mochte.

Früher fand ich die Geschichte von Abraham und Isaak grausam. Im 1. Buch Mose Kapitel 22 fordert Gott Abraham auf, mit Isaak, seinem Sohn, auf den Sarah und Abraham so lange gewartet hatten, auf den Berg Moria zu gehen und Isaak dort als Opfer darzubringen.

Warum hätte Gott so etwas fordern sollen? Warum ließ er das Paar zappeln, bis Sarah neunzig Jahre alt war – jenseits jeder Möglichkeit, noch ein Kind zu empfangen –, nur um

Abraham später aufzufordern, den Sohn zu töten? Was die Sache für mich noch verwirrender machte: Offensichtlich wusste Gott schon vorher, dass er in letzter Minute einschreiten und das Leben Isaaks retten würde, dass er einen Ausweg weisen würde, bevor Abrahams Messer Isaak verletzen konnte. Ich glaubte, dass Gott auf diese Weise Abrahams Vertrauen belohnt hatte – zumindest hatte man mir das so beigebracht, und das hatte mich noch bestärkt in meiner frühen Überzeugung, dass ich Gottes Forderungen erfüllen musste. Das ist es doch, was Gott fordert, oder? Dass wir durch jeden Reifen springen, um zu beweisen, dass wir ihn lieben?

Ich las den Abschnitt wieder und wieder, weil ich wusste, dass der Heilige Geist mir etwas aufzuschließen versuchte, was ich bisher nicht begriffen hatte. So las ich und las und las. Die längste Zeit des Tages beschäftigte ich mich mit nichts anderem. Dann wandte ich mich einer anderen vertrauten Geschichte zu, und allmählich begann ich zu verstehen. Was mir da aufging, war so schön, dass es mir schier das Herz brach.

Ich hatte bereits Predigten gehört, in denen die Geschichte von Abraham und Isaak mit Jesus in Verbindung gebracht wurde. Demzufolge hat Gott Isaak verschont, aber seinen eigenen Sohn hat Gott nicht verschont. Aber ich denke, dass die Sache viel komplexer ist. Als ich den Bericht von der Kreuzigung Jesu las, sprangen mir die Parallelen geradezu ins Auge.

Abraham legte das Holz für das Brandopfer auf Isaaks Schultern (1. Mose 22,6).

Jesus trug sein Kreuz selbst hinauf auf den Hügel, auf dem er sein Opfer bringen sollte (Johannes 19,17).

Isaak fragte seinen Vater, wo das Lamm für das Opfer wäre (1. Mose 22,7).

Jesus fragte seinen himmlischen Vater, warum er ihn, das Opferlamm, verlassen hatte (Matthäus 27,46).

Isaak entkam dem Tod nach einer dreitägigen Reise (1. Mose 22,4).

Jesus entkam dem Tod, indem er am dritten Tag von den Toten auferstand (Matthäus 28,5f.).

Als Issak fragte, wo das Opferlamm sei, antwortete ihm Abraham, dass Gott selbst für ein Opferlamm sorgen würde (1. Mose 22,8).

Gott hat uns mit Jesus das perfekte, sündlose Opferlamm geschickt (Johannes 1,29).

Es gibt noch mehr Parallelen in diesen beiden Geschichten, aber es gibt auch einen entscheidenden Unterschied, der meine Aufmerksamkeit erregte. Abraham hat seinen Sohn auf den Berg Moria hinaufgeführt, und er hat ihn auch wieder zurückgebracht. Jesus Christus ist den Weg zum Galgenberg vor den Toren Jerusalems gegangen, aber er ist nicht wieder zurückgekommen – jedenfalls nicht sofort. Auf diesem Hügel hat Jesus sein Blut vergossen für jede und jeden von uns.

Ich hatte komplett missverstanden, was es bedeutet, befreit und erlöst zu sein.

Bis dahin hatte ich Erlösung so verstanden, dass wir repariert werden. Was für eine bescheidene Vorstellung!

Ich schob alles zur Seite, was ich mir zurechtgereimt hatte, und schaute noch einmal genauer hin. An jenem Tag in der Gegenwart Gottes entdeckte ich Jesus auf jeder Seite der Bibel. Was mit Abraham und Isaak auf dem Berg Moria vor so langer Zeit geschehen war, das war kein grausamer Test, es war das vollkommene Sinnbild für die kommende Erlösung. Und meine Erlösung – unsere Erlösung – wurde ermöglicht durch das Lamm Gottes. Ich hatte das vorher noch nie so klar gesehen.

Es war wie eine Offenbarung für mich. Ich verstehe bis heute nicht, warum es dazu eine feucht-gruselige Urlaubsreise brauchte, aber ich glaube, das war eine Einladung meines himmlischen Vaters.

Komm schon, Sheila. Sag mir, was dich wirklich umtreibt. Du musst dich nicht mehr verstecken. Ich werde bei dir sein in jedem Schmerz, in allem, was dich aufbringt, in jeder Enttäuschung. Weihe mich in alles ein. Ich bin dein Zufluchtsort.

Damals begann es mir klar zu werden: Ich musste vor Gott nicht verbergen, wie ich wirklich war. Ich konnte mein wahres Selbst auf den Altar legen und darauf vertrauen, dass Gott mich befreit. Ich konnte zu mir selbst finden, indem ich auf Gottes unaufhörliche und gegenwärtige Erlösung vertraute.

Letzten Endes war das wohl die Sorge, die mich am Grab meiner Mutter gepackt hatte – hatte sie mir mehr sagen wollen? Ist sie jemals dazu gekommen, alles vor Gott auszusprechen? Hat sie Erlösung gefunden? Falls nicht, wie konnte ich dann Erlösung finden?

Würde ich jemals da hinkommen, dass ich die ganze Wahrheit sagen könnte? Was würde Gott tun, wenn ich mich ihm öffnen würde? Was, wenn ich ihm gestehen würde, dass ich mir selbst die Schuld am Tod meines Vaters gegeben hatte? Was, wenn ich gestehen würde, dass ich Gott dafür die Schuld gegeben hatte?

Würde er sich von mir abwenden, wenn ich die Erwartungen nicht erfüllte, wenn ich nicht all die richtigen Dinge sagen würde, die man bei einem Todesfall eben sagt? Oder würde er mich befreien von der Scham, von der Schuld, von den Lügen?

Während ich das schreibe, muss ich an Mütter denken, die ein Kind verloren haben. Ich kann den Schmerz eines solchen Verlustes nicht wirklich nachempfinden, und es gibt auch keine Worte, mit denen man einen derart überwältigenden Kummer stillen könnte. Wie wird ihr Herz jemals wieder heil? Wie werden ihre Arme jemals wieder kraftvoll? Im einen Augenblick haben sie noch das kostbare Geschenk des Lebens in Händen gehalten, und im nächsten Augenblick ist es ihnen entrissen. Wenn Sie einen derartigen Verlust erlitten haben, trauere ich mit Ihnen. Ob Sie ein Kind in jungen Jahren oder durch eine Fehlgeburt verloren haben, ein Teil Ihres Herzens lebt nicht mehr auf dieser Erde. Und wie reden Sie mit Gott über diesen Kummer? Trauen Sie sich, Gott damit zu konfrontieren? Trauen Sie ihm zu, dass er Sie von Ihrem Zorn, Ihrer Trauer, Ihrem Schmerz befreien kann?

Nicht jeder Verlust wiegt gleich schwer. Manche Enttäuschungen erscheinen geringfügig im Vergleich mit anderen, und so schweigen wir eher darüber. Sie fühlen sich bei der Beförderung übergangen, oder das Kind anderer Eltern hat im Theaterstück die Rolle bekommen, auf die sich Ihr Kind so intensiv vorbereitet hat. Sie haben viel aufgewandt, um jemandem zu helfen, aber der- oder diejenige nimmt noch nicht einmal Notiz davon. Das sind keine weltbewegenden Erfahrungen, aber enttäuschend sind sie allemal. Anstatt sie offen auszusprechen, sind wir oft versucht, solche Enttäuschungen in uns zu vergraben, denn wir wollen Gott nicht mit Kleinigkeiten behelligen. Aber Sie sollten bedenken: Nichts von dem, was Sie umtreibt, ist zu nebensächlich für Gott. Er liebt Sie und sorgt sich um alles, was Ihnen zu schaffen macht. Er möchte Sie befreien und hier und heute erlösen.

Ich weiß nicht, was für Verluste Sie in Ihrem Leben erlitten haben. Ich weiß auch nicht, was sie gegenwärtig durchmachen. Aber ich möchte Ihnen raten: Gehen Sie nicht einfach darüber hinweg, und bitte verbergen Sie nicht Ihren Schmerz. Lassen Sie sich von niemandem einreden, dass Sie es nicht so schwer nehmen sollen. Und ziehen Sie sich nicht in sich selbst zurück in der Hoffnung, der Schmerz würde Sie dort nicht erreichen. Er findet Sie, so viel ist sicher. Was Sie versuchen sollten: breiten Sie vor Gott aus, was Sie belastet, und Sie können erleben, dass er unter Ihre Last schlüpft und Sie befreit.

Gott wird niemals beleidigt sein, wenn Sie ihm aufrichtig Ihren Kummer oder Ihren Zorn hinhalten. Meiner Auffassung nach können wir Gott nur dadurch beleidigen, dass wir unseren Schmerz vor ihm verbergen und so tun, als könnten wir selbst uns davor retten oder abschirmen. Vertrauen Sie Gott aus tiefstem Herzen. Schütten Sie Ihr Herz vor ihm aus, Ihre Tränen, Ihre Enttäuschungen. Gott wird niemals vor Ihrem wahren Selbst zurückschrecken. Er wird Sie in die Arme schließen.

Vielleicht wissen Sie nicht, wie anfangen. Wenn Sie nicht wissen, wie Sie Gott in Ihren Schmerz einladen können, leite ich Sie gerne an:

Sprechen Sie laut aus, was Sie bekümmert. Gewöhnen Sie sich an den Klang Ihrer Stimme, wenn Sie die Wahrheit aussprechen. Sie müssen nicht befürchten, dass Sie dabei zerbrechen könnten. Wir sind in diesem Leben stets gebrochene Persönlichkeiten, aber diese Gebrochenheit kann uns nur folgen. Sprechen Sie, bis Sie alles ausgesprochen haben, was zu sagen nötig war und bis es Ihnen nicht mehr fremd ist, Ihre Stimme so zu hören. Dann legen Sie eine Pause ein und denken Sie über Ihren Schmerz nach. Breiten Sie ihn vor Gott aus. Laden Sie Gott in Ihr Innerstes ein, an den Ort, an dem Sie Ihren Schmerz vergraben haben. Und dann lauschen Sie auf Gottes Angebot der Erlösung:

Du kannst mir vertrauen, auch wenn du mich nicht verstehst. Wenn die Tränen getrocknet sind und du keine Worte mehr hast, lege deine Hand in meine. Ich liebe dich. Ich werde dich befreien. Ich bin dein Zufluchtsort.

Hoffnungs-Zeichen

Etwas bekennen gehört zu dem, was Jesus uns zu beten gelehrt hat: „Vergib uns unsere Schuld, wie auch wir vergeben
unseren Schuldigern" (Matthäus 6,12; L).

Als Kind habe ich das Vaterunser gelernt, wie es in Matthäus 6 überliefert ist. Lange Zeit habe ich nur Kleinigkeiten bekannt, sie betrafen nie Dinge aus dem Keller meiner
Seele, sondern nur aus den oberflächlichen Schichten meines Herzens. Ich fühlte mich nie frei oder ganz, jedenfalls
nicht, bevor ich mit dem regelmäßigen, bewussten täglichen
Bekenntnis all dessen begann, von dem ich wusste, dass es
mir zu schaffen machte. Frederick Buechner schrieb: „Gott
unsere Sünden bekennen bedeutet nicht, dass wir Gott etwas
sagen würden, was er nicht ohnehin schon weiß. Bevor wir
unsere Sünden bekannt haben, sind sie der Abgrund, der uns
zerreißt. Wenn wir sie aber bekennen, werden sie zur Brücke,
zum Goldenen Tor."[8]

Ich möchte Ihnen Mut machen, das täglich zu praktizie-
ren. Bekennen wird Sie nicht von Gott entfremden, sondern
wird Ihnen eine neue Tiefe der Gegenwart Gottes eröffnen.
Suchen Sie dazu einen ruhigen Ort. Seien Sie still. Bitten Sie
den Heiligen Geist, Ihnen Ihre Sünde zu offenbaren.

Ich nutze oft die Worte Davids, wenn ich etwas bekenne:
„Erforsche mich, Gott, und erkenne mein Herz; prüfe mich
und erkenne, wie ich's meine. Und sieh, ob ich auf bösem
Wege bin, und leite mich auf ewigem Wege" (Psalm 139,23f.).

Es kann hilfreich sein, dass Sie die Sünden, mit denen Sie
am meisten zu kämpfen haben, schriftlich festhalten. Bitten
Sie Gott um Einsicht und um die Erlösung, die Jesus Christus bewirkt hat.

Das Bekennen gehört nicht einfach auf die To-do-Liste, es hat damit zu tun, wer wir in Christus sind.

Wenn wir unsere Sünden bekennen,
dann erweist sich Gott als treu und gerecht:
Er wird unsere Sünden vergeben
und uns von allem Bösen reinigen.

1. Johannes 1,9 (HfA)

5. Schluss mit dem Motto-Glauben

Das Gehirn mag Rat annehmen, das Herz nicht.

Truman Capote,
Andere Stimmen, andere Räume

„Mein herzliches Beileid", sagte sie, während sie mit dem Lippenstift die Konturen nachzog.

„Danke", sagte ich.

„Meine Liebe, wir leben nicht wie Menschen, die keine Hoffnung haben", ergänzte sie und legte mir die Hand auf die Schulter. Und dann: „Wir sind gespannt auf Ihren Vortrag heute Abend."

Ich sagte noch mal „Danke". Dann war sie weg.

Ich starrte in den Spiegel der Damentoilette. Sah ich aus, als sei ich in Trauer? Es war mein erster Vortragstermin seit der Beerdigung meiner Mutter. Ich war – zugegeben – noch etwas empfindlich. Die Dame eben hatte ich noch nie zuvor getroffen, und ihre Bemerkung, so freundlich sie geklungen hatte, kam mir floskelhaft vor. Ich sollte an diesem Abend bei einem Bankett vor einigen Spendern und Förderern von

LIFE Outreach International sprechen – das ist die Hilfsorganisation, mit der ich zusammenarbeite.

LIFE Outreach International baut Brunnen in Afrika, leistet Nahrungsmittelhilfe für die Ärmsten der Armen und engagiert sich in Thailand und Kambodscha für kleine Jungen und Mädchen, die im Sexgeschäft ausgebeutet werden. Die Kinder werden aus der Hölle ihres Daseins befreit und in ein Rettungszentrum in einer thailändischen Bergregion gebracht – an einen Zufluchtsort nur für sie. Ich kann all die Projektstandorte bereisen und mit meinen eigenen Augen wahrnehmen, wie Hoffnung aussieht.

Als ich aus dem Waschraum kam, sah ich einen unserer Mitarbeiter in der Halle stehen und frage ihn, ob er die Dame kannte. Er sagte, sie und ihr Mann seien seit Jahren sehr großzügige Unterstützer.

„Ich frage mich, warum sie mich auf meine Trauer angesprochen hat", sagte ich.

„Ich kann mir vorstellen, dass sie Ihnen auf Facebook folgt", meinte er lächelnd.

Aha, Facebook. Das ergab einen Sinn. Bevor ich nach Schottland geflogen war, hatte ich ein Foto meiner Mum auf meine Facebook-Seite gestellt und meine „Follower" gebeten, für meine Familie zu beten. Die Reaktionen darauf habe ich erst einige Zeit später gelesen. Die meisten waren lieb, viele haben mir ihre Fürbitten zugesichert. Einzelne Kommentare hatten einen anderen Ton, manche klangen wie Anweisungen. Eine Frau schrieb: „Sie sollten diese Zeit als ein Geschenk Gottes betrachten – als eine Gelegenheit, Ihre ungläubigen Angehörigen zu erreichen." Das kam mir sehr befremdlich vor. Zwar gehe ich davon aus, dass die Frau es gut mit mir gemeint hat, aber ich war doch versucht zu antworten: „Wissen Sie eigentlich, dass auch alle meine Mitglieder meiner Familie mir auf Facebook folgen?" Ich wollte sie auch wissen lassen, dass sich der Abschied von meiner Mum ganz und gar nicht wie ein Geschenk angefühlt hatte. Ich hatte im Gegenteil eher den Eindruck, mir sei ein Geschenk entrissen worden.

Ein Kommentar nach dem anderen fand sich in meinem Eingang. Am meisten empört haben mich die Zeilen einer Frau, die schrieb: „Überlegen Sie nur, wie Gott dieses nächste Kapitel Ihrer Geschichte zu seiner Ehre nutzen wird – Halleluja. Ihr Schmerz ist seine Absicht." Das las sich wie das platte Motto auf einem Sticker. Ich fragte mich, ob die Autorin des Kommentars jemals selbst getrauert hatte. Wie sie wohl selbst auf eine derartige Empfehlung reagieren würde, wenn sie einen lieben Menschen verloren hätte. Mir kam ein Rat meiner Freundin Barbara Johnson in den Sinn: „Je frischer der Schmerz, umso sparsamer sollten die Worte sein."

Direkt unter dem Motto-Sticker-Kommentar fand sich die berührende Antwort einer anderen Frau. Sie hatte gerade ihren Sohn verloren und schrieb, dass sie mit Gottes angeblicher „Absicht" nichts anfangen könne. Sie wolle nur ihren Sohn zurück.

Mir stockte der Atem, als ich das las. Ich wollte die Frau in die Arme nehmen. Ich wollte ihr Gesellschaft leisten schweigend oder in Tränen, solange sie es mir gestatten würde. Ich wollte ihr mitteilen, dass mir ihre aufrichtige, einfache Feststellung, das Zeugnis einer trauernden Mutter, mehr bedeutete als alle Plattitüden der Welt. Ich wollte ihr sagen, dass ihre ehrlichen Worte Gott vermutlich mehr gefallen würden als vorgespieltes Heilsein. Keine „Absicht" kann je Schmerz heilen.

Als ich diese Kommentare durchlas, dachte ich zurück an die Lügen, die ich von klein auf geglaubt hatte, und wie sie meine Beziehung zu Gott und zu anderen Menschen beeinflusst haben. Ich habe so viel Zeit meines Lebens darauf verwendet, die Trauer unter entsprechenden christlichen Floskeln zu begraben oder sie in eine Form zu quetschen,

die nach etwas Hoffnungsvollem oder nach Auferstehungs-
botschaft aussah. Dabei war das Begraben der Trauer unter
wohlklingenden christlichen Slogans nur eine Ausweich-
strategie … und wer der Wahrheit ausweicht, gibt sich einer
Lüge hin. Lügen verkrüppeln auch die stärksten Beine.

Ich bin aufgewachsen in dem Irrglauben, dass Gott, mein
himmlischer Vater, mir gegenüber womöglich gewalttätig
werden kann, genau wie mein irdischer Vater. Wenn ich
das vermeiden wollte, dann sollte ich mich also besser be-
nehmen, sollte mir den Anschein einer fröhlichen Christin
verpassen und es nie darauf anlegen, Gott zu enttäuschen.
Wenn ich Kummer hatte, dann war es am besten, dass ich
es für mich behielt. Ich wollte nicht, dass irgendjemand von
mir dachte, ich sei kein guter Christ, weil ich litt oder mich
hoffnungslos fühlte. Mehr noch, ich glaubte, dass Schmerz
Mauern zwischen Menschen errichtet, folglich müsste ich
selber umso stärker sein.

So viele, viele Überlebens- und Ausweichstrategien, so vie-
le Lügen. Sie haben mich blind gemacht für die Tatsache,
dass Christus längst bei mir in meinem Durcheinander war.
Dass er nur auf meinen Hilferuf wartete, auf meine Trauer.
Er hielt ein Rettungszentrum bereit für mich, für sein kleines
Mädchen!

Ich war nur nicht fähig, es zu erkennen. Aber das ist das
Schöne: Manchmal nutzt Gott die kleinsten Hände, um uns
Sicherheit anzubieten und Erlösung – selbst dann, wenn wir
der Wahrheit auszuweichen versuchen.

Der eine, der den ersten Stein aus der Wand zwischen
Gott und mir gebrochen hat, das war mein Sohn. Um genau
zu sein: Es war eine Erinnerung an meinen Sohn. Wie ich so
dasaß vor den Facebook-Kommentaren, diesen vielen verlet-
zenden Worten, erinnerte ich mich daran, dass ich Christian
einmal spätabends durch den Flughafen von Miami getragen habe. Er muss damals etwa eineinhalb Jahre alt gewesen

sein. Es war ein sehr langer Tag gewesen, und er flüsterte mir ins Ohr: „Mummy, ich habe mich nass gemacht. Kannst du mich zudecken?"

Ich wickelte meine Jacke um ihn und drückte ihn an mich. Er hat nicht gesehen, dass mir Tränen übers Gesicht liefen, so dankbar war ich für das Geschenk, das er mir gemacht hatte. Denn eigentlich hatte er mir gesagt: „Ich vertraue dir, Mum. Du bist mein Zufluchtsort."

So sollte das bei Kindern sein. Auch bei Gottes Kindern. Können wir tatsächlich darauf vertrauen, dass Gott unsere Scham bedeckt, unseren Schmerz?

Wenn Sie darauf vertrauen konnten, dass Ihre Mutter oder Ihr Vater Sie zudeckten, bedeckten und beschützten, dann ist es natürlich einfacher zu glauben, dass auch Gott Sie bedecken und beschützen wird. Aber wenn Sie als Kind glauben oder erfahren, dass Ihre Eltern das nicht können oder wollen, dann lernen Sie: „Ich muss mich selbst schützen."

Mich selbst bedecken und verstecken, das hat bei mir lange funktioniert – aber dann auf einmal nicht mehr. Und als die Erdklumpen auf den Sarg meiner Mutter fielen, wollte ich klagen, fühlte ich mich wund, schutzlos, bloßgestellt.

Monate nach Mums Tod, nach dem fürchterlich fehlgeschlagenen Ferienaufenthalt am Meer, nach all der Zeit, in der ich so viel Schmerz empfunden hatte, erinnerte Gott mich an jenen Moment mit Christian.

Ich BIN deine Decke.
Ich BIN dein Schutz.
Ich BIN dein Zufluchtsort.
Ich BIN.
Du kannst mir alles sagen.

Nachdem ich damit angefangen hatte, Tag für Tag mit Gott ganz offen zu reden, fiel es mir leichter, bestimmte Dinge zu bekennen. Empfindungen wie Enttäuschung oder Traurigkeit fühlten sich vernünftig und reif an – ja, sogar geistlich.

Was mir anfangs gar nicht so geistlich vorkam, das war die ganze aufgestaute Wut. Ich hatte keine Ahnung, wie ich angemessen damit umgehen konnte, und deshalb hatte ich nie ein Wort darüber verloren. Ich kann mich gewöhnlich gut kontrollieren, und das ist hoffentlich eine gute Eigenschaft – zumindest zum Teil. Als langjährige Christin sollte man von mir erwarten können, dass ich meinen Zorn im Griff habe, aber meine Selbstkontrolle war nicht Teil meines geistlichen Reifeprozesses. Vielmehr hat sie sich in den Jahren als Kind entwickelt, als ich die Wut in mir vergraben habe, weil sie mir gefährlich vorkam und weil ich dachte, sie würde den Tod bringen und Gott enttäuschen.

Ich begann zu verstehen, dass tief in mir ein zorniges kleines Mädchen steckte, und mir wurde bewusst, dass ich nie für die zornige Sheila Partei ergriffen habe. Die habe ich immer zum Schweigen gebracht – ich wollte schließlich nicht, dass mein Ruf ruiniert wird. Und so blieb das kleine Mädchen still, aber glücklich war es darüber nicht.

Heute weiß ich, dass viel von meinem lebenslangen Kampf mit Einsamkeit und Depressionen hier seinen Ursprung hat – bei der aufgestauten Wut. Ich hatte wichtige, angemessene Empfindungen in den Keller meiner Seele verbannt und damit einen Teil meines Selbst verloren. Ich war nicht mehr wirklich ich. Und in den Momenten der Unaufrichtigkeit, im Vergraben des Zorns, flüchtete ich mich in Sarkasmus. Ich versuchte den Zorn als Humor zu tarnen; aber er war nie lustig, denn er konnte Menschen verletzen.

Meine andere Methode, dem Zorn zu begegnen, war Rückzug. Wenn ich fühlte, wie der Zorn in mir hochkochte, zog ich mich in meine Geheimkammer zurück – an den Ort in meinem Inneren, zu dem niemand sonst Zutritt hatte.

Die Kindheit sollte eigentlich das Stadium sein, in dem

Raum für den Ausdruck von Emotionen ist, wo Scham und Empörung sich an Gott wenden und ihn um Schutz bitten. Kinder müssen die Chance haben zu begreifen, dass es gesunde Emotionen gibt, aber auch zerstörerische Regungen, die einsam machen. Ich habe das nie gelernt – nicht wirklich. Wenn Erwachsene bestimmte Empfindungen so lange in sich begraben haben, dass sie diese nicht mehr als zu sich und ihrer Geschichte gehörig wahrnehmen, wie und wo sollen sie diesen Empfindungen dann Ausdruck verleihen? Man kann sich komplett vom eigenen Schmerz abspalten. Wenn man ihn dann doch an die Oberfläche holt, fühlt es sich unecht an – gerade so, als ob man die Lebensgeschichte eines Fremden liest.

Wie es gut laufen kann, das habe ich am Leben meines Sohnes wahrnehmen können. Christian hatte eine sehr enge Beziehung zu William, seinem Opapa, der die letzten zwei Jahre seines Lebens bei uns verbrachte. Als William starb, war Christian überwältigt von Trauer. Er weinte tagelang. Dann konnte ich beobachten, wie diese Trauer eines Tages in Zorn umschlug. Christian schubste unsere Katze, seine geliebte Spielkameradin Lily, vom Sofa. So schlug ich ihm vor, einen Spaziergang mit mir zu machen.

Seite an Seite marschierten wir Richtung See. Nach einer Weile bat ich Christian, sich neben mich zu setzen. Dann fragte ich ihn, ob er wütend sei, und er sagte Ja. Als ich nach dem Grund fragte, sagte er: „Du hast mir erzählt, dass Gott Gebete erhört, und ich habe gebetet, dass Gott meinen Opapa leben lässt, aber das hat er nicht getan. Ich werde nie wieder mit Gott reden."

Damals habe ich meinem Sohn gesagt, wovon ich mir wünschte, ich hätte es von jemandem gehört, als ich noch selbst ein Kind war.

Es ist in Ordnung, wenn du zornig bist.

Es ist richtig, zornig zu sein. Gott ist so groß und liebt dich so sehr – er kommt mit jedem deiner Gefühle klar. Ich legte meinen Arm um Christians Schulter.

Du kannst Gott alles sagen. Er lässt dich nicht im Stich.

Kurze Zeit später kaufte ich Christian Boxhandschuhe und einen Boxsack und sagte ihm, er solle auf dieses Ding einschlagen, bis er nicht mehr könne.

Er hatte auch ein Stofftier, einen fast lebensgroßen Löwen, den wir ihm gekauft hatten, als er noch ein kleiner Junge war, und so sagte ich ihm: „Christian, wenn du all deine Wut aus dir rausgelassen hast, dann kannst du dein Gesicht in der Mähne des Löwen von Juda vergraben."

Ein wirklich guter Rat. Ich hatte da allerdings noch keine Vorstellung, wie passend der Rat auch für mich selbst gewesen wäre. Wie oft stand ich auf der Bühne und machte anderen Mut, stark und wahrhaftig zu sein und das, was sie beschäftigt, vor dem himmlischen Vater auszubreiten, dabei war ich selbst nicht mehr in Fühlung mit meinen Empfindungen. Ich hatte dasselbe bitter nötig, was ich anderen empfohlen habe. Aber das war mir nicht klar.

Wie so oft in der Vergangenheit habe ich Hilfe bei David gesucht. Die authentischen Hilferufe des jungen Schafhirten und Liederdichters halfen mir, dem Ausdruck zu verleihen, was in mir eingeschlossen war.

„Höre, Herr, und sei mir gnädig! Herr, sei du mein Helfer!" (Psalm 30,11; EÜ).

Es lag etwas Vertrautes in Davids Worten. „Herr, sei du mein Helfer!" – Diese wenigen Worte wurden auch mein Gebet. Auf den Knien und mit geöffneten, leeren Händen. Ich fühlte die Wut in mir aufsteigen. Ich konnte es nicht wegerklären. Ich betete einfach.

„Hilf mir, Herr."

Meine Not hat mich nicht einsam gemacht. Meine Not hat mich Gott näher gebracht.

Bekennen ist mir inzwischen zur täglichen Übung geworden. Jeden Morgen beginne ich den Tag mit Dank. Ich danke Gott für seine Liebe, die mich so willkommen heißt, wie ich bin.

Dann bekenne ich ihm, was ich als wahr erkannt habe, unabhängig davon, ob es sich wahr anfühlt.

Ich fühle mich nicht immer geliebt, aber ich weiß, dass ich geliebt bin.

Ich kann Gottes Gegenwart nicht immer spüren, aber ich weiß, dass er bei mir ist.

Ich bekenne meine Schwäche und meine Furcht. Alles, was mich ausmacht, bringe ich in die offenen Arme meines himmlischen Vaters.

Diese tägliche Routine hat einen solchen Hunger in mir geweckt nach den biblischen Geschichten, die ich bereits seit meiner Kindheit kenne. Ich las sie erneut, mit neugierigen Augen und offenen Ohren. In den ersten Tagen, an denen ich das mit dem täglichen Bekennen eingeübt habe, habe ich mich intensiv mit einem Mann namens Hiob befasst. Hiob war ein Glaubensheld, ein Mann von der Sorte, wie man ihn sich als Schwiegersohn wünscht, wenn man eine Tochter hat. „Er war ein Vorbild an Rechtschaffenheit, nahm Gott ernst und hielt sich von allem Bösen fern" (Hiob 1,1; GN).

Trotzdem hat Gott zugelassen, dass der Satan Hiobs Leben ruinierte. Sein Leiden war ohnegleichen. Er hat alles verloren. Seine Kinder, seinen Lebensunterhalt, schließlich auch noch seine Gesundheit. Sein Leiden brachte ihn schier um den Verstand. Er versank in so finstere Depressionen, dass er schließlich ausrief: „Ausgelöscht sei der Tag, an dem ich geboren wurde, und auch die Nacht, in der man sagte: ‚Es ist ein Junge!' Jener Tag versinke in tiefer Finsternis – kein Licht soll ihn erhellen! Selbst Gott da oben vergesse ihn! Ja, der Tod soll ihn holen – diesen Tag! Ich wünschte, dass sich dunkle Wolken auf ihn legten und die Finsternis sein Licht erstickte!" (Hiob 3,3-5; HfA).

Hiobs Geschichte entwickelt sich von schlimm zu schlimmer, und so ertappte ich mich beim Lesen bei dem Gedanken: *Herr, hilf dem armen Mann! Schick ihm Freunde, die ihn auffangen, denn was er erlebt, das ist ja nicht zum Aushalten!*

Dann kommen tatsächlich Hiobs Freunde ins Spiel. Sie erinnern mich an einige meiner Facebook-Kommentatoren. Elifas von Teman schaut sich Hiob an und gibt zu bedenken: „Denk einmal nach. Ging je ein Mensch zugrunde, der treu und ehrlich war und ohne Schuld?" (Hiob 4,7; GN). Anders ausgedrückt: „Du hast das Unglück selbst über dich gebracht." Elifas' Logik geht etwa so: Gott ist gut; du leidest; also musst du etwas Verkehrtes getan haben. Die Theologie des Elifas lässt keinen Raum für Rätselhaftes. Es ist eine Theologie der Strafe.

Als Nächstes kommt Hiobs Freund Bildad von Schuach. Er hat gehört, dass Hiobs Kinder allesamt in einer tragischen Katastrophe ums Leben gekommen sind, und macht sich seinen eigenen Reim darauf: „Denkst du im Ernst, dass Gott das Recht verdreht? Meinst du, er hält sich nicht an sein Gesetz? Nein, deine Kinder haben sich versündigt, darum hat er sie bestraft, wie sie es verdienten" (Hiob 8,3f.). Diese Worte sind das antike Gegenstück zu herzlosen Kommentaren gegenüber Eltern, die gerade ihr Teenager-Kind bei einem Autounfall verloren haben, nach dem Muster: „So was passiert, wenn jemand sich betrunken ans Steuer setzt." Das ist möglicherweise wahr, aber das macht die Äußerung nicht weniger grausam.

Die Worte von Hiobs drittem Freund Zofar von Naama sind auch nicht hilfreicher. Zofar sagt: „Es ist dir doch bekannt, dass immer schon, seit Gott die Menschen auf die Erde setzte, der Jubelruf der Bösen schnell verstummte, die Freude des Verbrechers bald vorüber war" (Hiob 20,4f.).

Als ich die Hiobgeschichte durchlas, war ich empört über diese selbstgerechten Freunde, die zwar viele Worte machten, aber trösten konnten sie nicht. Sie fühlten sich genötigt, Gott zu rechtfertigen und das Leid und den Schmerz einzuordnen und alles mit einer netten frommen Schleife zu verzieren. Aber noch während ich die Geschichte las, noch während meine Empörung wuchs, drängte sich mir die Frage auf, wie oft ich es genauso gemacht hatte. Wie oft habe ich schon biblische Heftpflaster auf offene Wunden geklebt?

Hiobs Freunde haben messerscharf geschlossen, dass Hiobs Elend einen Grund haben muss. Entweder hat er selbst etwas verbrochen, oder seine Kinder haben gesündigt, oder aber es gibt irgendeine versteckte Sünde in Hiobs Vergangenheit. Und so prasseln ihre Ratschläge auf den eh schon Geprügelten ein. Hiob beklagt sich über Gott: „Gott sendet seinen Sturm und wirft mich nieder, ganz ohne Grund schlägt er mir viele Wunden. Er lässt mich nicht einmal zu Atem kommen, stattdessen füllt er mich mit Bitterkeit" (Hiob 9,17f.).

Die letzten Kapitel des Buches Hiob sind umwerfend. Hiob ist in beispielloser Weise ehrlich und direkt in seinem Umgang mit Gott. Er bringt seine Wut und seinen Schrecken zum Ausdruck, nur gelegentlich wird eine Prise Glauben oder Hoffnung erkennbar – und wissen Sie, wie Gott auf diese aufrichtige Tirade reagiert? Er schenkt Hiob seine Gegenwart. Er offenbart sich ihm.

Genau besehen antwortet Gott auf keine einzige von Hiobs Fragen. Stattdessen macht er ihm ein viel wertvolleres Geschenk, als es Antworten sein könnten. Er schenkt Hiob sich selbst. Er zieht den Vorhang zurück und zeigt Hiob, dass tatsächlich viel mehr passiert ist, als Hiobs Verstand fassen kann. Gott enthüllt sich Hiob in größerer Tiefe begreiflich und versichert ihn seiner Gegenwart.

War Gott beleidigt durch den ungefilterten Gefühlsausbruch eines gebrochenen Herzens? Keineswegs. Gott war lediglich sauer auf Hiobs drei Freunde, die versucht hatten, ihn zum Schweigen zu bringen. Ausdrücklich heißt es am Ende des Buches Hiob: „Nachdem der Herr seine Rede an Hiob beendet hatte, sagte er zu Elifas aus Teman: ‚Ich bin zornig auf dich und deine beiden Freunde, denn ihr habt nicht richtig von mir gesprochen, im Gegensatz zu meinem Diener Hiob‘"(Hiob 42,7; NEÜ).

Dieser Satz ändert die Spielregeln: *Ihr habt nicht richtig von mir gesprochen, im Gegensatz zu meinem Diener Hiob.* Hiob war wütend. Er war verbittert, er war am Ende, er hasste sein Leben, er wünschte sich zu sterben, und genau in dieser gallenbitteren Ehrlichkeit hat er Gottes Nähe erfahren. Hiob hat zu Recht gesagt: „Sein ganzes Leben muss der Mensch sich quälen" (Hiob 7,1; GN). Immer, wenn seine Freunde ihn zum Schweigen bringen wollten, hat er sich noch lauter beschwert. Genau diese Aufrichtigkeit traf auf die Liebe und Zuwendung eines gütigen Gottes.

Das ist eine wichtige Erkenntnis: Offen und ehrlich geäußerte Klage bringt uns näher an Gottes Herz. Gott hat sich alles angehört, was Hiob sagte. Er hat sich eingelassen auf die verzweifelte Agonie eines Menschen, der darauf vertraute, dass Gott groß genug war, um ihn zu verstehen, und dass Gott ihm nicht den Mund verbieten und ihn nicht zurückstoßen würde in Scham und Selbstverneinung.

Diese ehrliche Haltung – offen unseren Zustand und unseren Schmerz schildern – bringt uns in Gottes Gegenwart. Wir können das auch am Leben von Jesus erkennen. Im Markusevangelium wird das durch einen ganz bestimmten Rhythmus verdeutlicht. Wenn man das Evangelium in einem Stück durchliest, merkt man, wie der Bericht Tempo aufnimmt, sobald Jesus den Weg nach Jerusalem einschlägt, der ihn letztlich ans Kreuz führen wird. Man hört die Uhr ticken. Den Weg nach Golgatha vor Augen, versucht Jesus seine engsten Freunde einmal mehr auf die bevorstehenden Ereignisse vorzubereiten.

„Hört zu", sagte er. „Wir gehen jetzt nach Jerusalem. Dort wird der Menschensohn nach dem Willen Gottes den führenden Priestern und den Gesetzeslehrern ausgeliefert werden. Sie werden ihn zum Tod verurteilen und den Fremden übergeben, die Gott nicht kennen" (Markus 10,33; GN). Bewusst wappnet sich Jesus bereits gegen Verrat und Todesangst, die ihm bevorstehen, aber plötzlich durchreißt ein Schrei die umgebende Menschenmenge. Er stammt von einem blinden Bettler namens Bartimäus: „Jesus, Sohn Davids! Hab Erbarmen mit mir!" (V. 47).

„Sei still", bellen die Umstehenden Bartimäus an. Aber er schreit nur noch lauter: „Sohn Davids, hab Erbarmen mit mir!" (V. 48). Als Jesus den Schrei hört, hält er an. Er ignoriert die Leute, die dem Bettler den Mund verbieten wollten, und befiehlt Bartimäus herzukommen.

„Was willst du?", fragte Jesus, „Was soll ich für dich tun?" (V. 51).

Bartimäus antwortet: „Ich möchte wieder sehen können." Und Jesus lässt sich nicht lange bitten und heilt Bartimäus.

Mir gefällt, wie meine Freundin Lisa Harper den Kern dieser Begebenheit herausarbeitet: „Jesus hat Ostern hinausgezögert, um auf diesen einen Menschen zu hören." Er war auf dem Weg ans Kreuz, ins Grab, zur Auferstehung, aber für einen Menschen hat er den Weg unterbrochen.

Bartimäus folgte Jesus anschließend. Er hat das Kreuz gesehen. Er war da, nach der Auferstehung. Aus der Kirchengeschichte wissen wir, dass Bartimäus Teil der frühen Kirche wurde. Seine Beziehung zu Jesus begann damit, dass er seine Not hinausgeschrien hat, obwohl alle anderen wollten, dass er den Mund hält.

Freunde von mir haben versucht, mich in ähnlicher Weise zum Schweigen zu bringen, wie die Leute damals Bartimäus zum Verstummen bringen wollten. Wohlmeinende Menschen gaben mir zu bedenken: „Du darfst niemandem davon erzählen, dass du in der Klinik warst. Es würde deinen Dienst ruinieren." Aber ich kannte die Wahrheit und wurde mit den Jahren mutiger darin, zu dieser Wahrheit zu stehen. „Ich versuche nicht, meinen Dienst zu retten", entgegnete ich damals. „Ich bemühe mich, am Leben zu bleiben."

Als mir Leute frei nach Psalm 30 zuraunten, es gäbe keinen Grund, wütend zu sein, denn die Freude käme mit dem Morgen, da erzählte ich ihnen, dass für mich immer noch Nacht sei und dass ich mich mit meiner Wut auseinandersetzen und Gott bitten müsse, mir dort zu begegnen und mich davon zu heilen. Das bedeutet für mich, ein wahrhaftiges, authentisches Leben zu führen. In all den Jahren habe ich erlebt, dass Gott mir dort begegnet, wo ich authentisch bin. Jedes Mal, ohne Ausnahme.

Wie geht das: ein authentisches Leben mit Gott führen? Es beginnt immer mit der Wahrheit. Wenn wir Christus sagen, wie es wirklich um uns steht – das rettet uns inmitten unseres Chaos. Es legt offen, wer wir wirklich sind, und erlöst unser wahres Ich, unser Innerstes – inklusive unserer dunklen Geheimnisse, unserer Scham, unserer Schatten. Sagen Sie ihm die Wahrheit. Legen Sie ihren Schmerz offen wie Hiob. Rufen Sie ihn um Hilfe wie Bartimäus. Sagen Sie ihm, wie es wirklich um Sie steht, so gut Sie es können, egal was Ihre Freunde oder andere Leute davon halten. Ich bin gerade dabei, das zu lernen, und es verändert mein Leben. Dieses Um-Hilfe-Schreien bringt mir Heilung und Kraft inmitten meiner Gebrochenheit. Es hilft mir zu erkennen, dass Christus mich brutto liebt, die kaputten, verletzten, verwirrten Teile von mir eingeschlossen.

Solange Sie noch einen Atemzug haben und solange kein weißer Kreidekreis um Sie gezogen ist[9], ist es noch nicht zu spät, neu und anders zu leben und zu lieben. Nämlich authentisch. Bartimäus hat durch seine Begegnung mit Jesus eine völlig neue Identität bekommen. Ihre Begegnung mit Jesus wird Ihre Identität und Ihre Selbstwahrnehmung ebenfalls verändern.

Seit ich das ehrliche Bekennen übe, spüre ich, dass ich nicht mehr länger auf innere Appelle wie „Reiß dich zusammen!" oder „Verbirg deine Gefühle" hören muss. Stattdessen weiß ich, dass ich eine geliebte und geschätzte Tochter bin, auch wenn meine Emotionen nicht den Vorstellungen von christlicher Vollkommenheit entsprechen. Und das ist auch Ihr „Status" vor Gott: geliebt und geschätzt. Verstecken Sie sich nicht hinter Ihrem Schmerz. Gott heißt Sie so willkommen, wie Sie sind. Rufen Sie um Hilfe. Ihre tiefe Aufrichtigkeit bringt Sie in die herrliche Gegenwart Gottes.

Hoffnungs-Zeichen

Das tägliche Sündenbekenntnis ist ein machtvolles Werkzeug der Heilung und der Befreiung.

Ich kenne nicht Ihren Kummer. Ich weiß nicht, was Sie brauchen. Aber ganz bestimmt können Sie sich für einen Moment in der Stille Jesus Christus und seiner Gegenwart aussetzen. Er schaut Sie mit Augen voller Liebe an. Hören Sie, wie er Sie fragt: „Was willst du? Was soll ich für dich tun?" Ich musste auch erst lernen, ihn so wahrzunehmen.

Trauen Sie sich, ihn um Hilfe anzurufen? Können Sie ihm all Ihre Frustrationen, allen Zorn, alle Bedürfnisse hinlegen und ihm vertrauen, dass er Ihnen darin begegnet? Können

Sie ihm Ihre Fragen unterbreiten, die ganze Wahrheit darüber, wie es um Sie steht, selbst in Gegenwart Ihrer Freunde? Vertrauen Sie Gott, dass er seine geduldige Liebe an Ihnen erweist?

Auch wenn es durch dunkle Täler geht,
fürchte ich kein Unglück,
denn du, Herr, bist bei mir.
Dein Hirtenstab gibt mir Schutz und Trost.

Psalm 23,4

6. Loslassen

Was uns in den Sinn kommt, wenn wir über Gott nachdenken,
das ist das Wesentlichste an uns.

A. W. Tozer

Es hat seine Vorzüge, wenn ich rauslasse, was ich so lange
Zeit in mir verborgen hatte: So gewinne ich Platz für Neues.
Das habe ich festgestellt, als ich damit begonnen habe, Gott
täglich, wenn nicht sogar stündlich meine Empfindungen,
meine Sünde, meine Furcht und meinen Zorn zu bekennen.
Auf diese Weise ist in mir ein weiter Raum für Gnade entstanden – und für Stille. Ich habe mich früher vor der Stille gefürchtet, denn ich rechnete damit, dass die Hunde des
Aufruhrs im Keller meiner Seele zu bellen beginnen. Nun
liebe ich die Stille.

Ich schweige gern in Gottes Gegenwart. Wenn der Heilige
Geist mir etwas deutlich macht, das ich vor Gott bringen
soll, dann tue ich das. Ich fürchte mich nicht länger davor,
bloßgestellt zu werden, denn ich weiß, dass ich geliebt bin.

Wenn ich morgens aufwache, dann meditiere ich gern den

Vers „Seid still und erkennt, dass ich Gott bin" aus Psalm 46. Das war der erste Bibelvers, den ich als Kind von meiner Mutter gelernt habe. Denselben Vers hat sie als Erstes von ihrer frommen Großmutter gelernt. Sie hat mir erzählt, dass Psalm 46 für schottische Frauen während beider Weltkriege eine Kraftquelle war. Als im Ersten Weltkrieg Männer aus den Highlands und von den schottischen Inseln zu den Waffen gerufen wurden, da versammelten sie sich an den Piers, wo sie auf den Transport warteten. Und zusammen mit ihren Lieben sangen sie die Hymne „God is our refuge and our strength, in straits a present aid", aus dem Gesangbuch der Church of Scotland – eine fast wörtliche Übertragung des Psalms 46:

Gott ist unsere Zuflucht und Stärke, ein Helfer, bewährt in Nöten. Darum fürchten wir uns nicht, wenn auch die Erde umgekehrt wird und die Berge mitten ins Meer sinken, wenn auch seine Wasser wüten und schäumen und die Berge zittern vor seinem Ungestüm. Ein Strom mit seinen Bächen erfreut die Stadt Gottes, das Heiligtum der Wohnungen des Höchsten.

Gott ist in ihrer Mitte, sie wird nicht wanken; Gott wird ihr helfen, wenn der Morgen anbricht. [...] Seid still und erkennt, dass ich Gott bin; ich werde erhaben sein unter den Völkern, ich werde erhaben sein auf der Erde! – Der Herr der Heerscharen ist mit uns, der Gott Jakobs ist unsere sichere Burg!

Psalm 46,2-6.11-12 (S)

Im Lauf der Jahre habe ich gelernt, tiefer ins Wort Gottes einzutauchen, und habe so ein besseres Verständnis für die ursprüngliche Bedeutung des Textes gewonnen, die uns sonst oft unzugänglich bleibt. Ein besonderes Beispiel bleibt für mich gerade dieser eine Vers aus Psalm 46: „Seid still und erkennt, dass ich Gott bin!"

Die hebräische Wurzel der Wendung „still sein" beinhaltet die Bedeutungen „frei lassen, locker lassen, loslassen".

Wenn ich das bedenke, dann verstehe ich die biblische Aufforderung besser. Als Kind habe ich versucht, still zu sitzen und einfach ruhig zu sein, aber dieser Vers ist mittlerweile Teil meiner täglichen geistlichen Praxis geworden.

Lass los und erkenne, dass ich Gott bin.

Lass los, was du zu flicken und zu reparieren versuchst.

Lass los, was du kontrollieren willst.

Lass all das los, was du an dir selbst nicht magst.

Lass deine Erwartungen an den kommenden Tag los.

Lass los und erkenne, dass Gott die Kontrolle hat.

Wenn ich mir das täglich ganz bewusst schon beim Aufstehen frühmorgens sage, dann kann ich auch die schlimmsten Gedanken loslassen, die ich jemals tief drinnen gedacht habe. Gedanken vom Kaliber *An manchen Tagen möchte ich gar nicht hier sein.*

Das laut auszusprechen fällt schwer. Es klingt schockierend in meinen Ohren. Es klingt nach Schwäche und nach Misstrauen.

Ich liebe Christus. Ich habe kein Leben, keine Zukunft, keine Hoffnung ohne ihn, und doch gibt es Tage, an denen führe ich harte Auseinandersetzungen mit dunklen Empfindungen oder gar mit Suizidgedanken. Jahrelang habe ich mir eingeredet, was ich für *die richtige* Einstellung, *die rechte christliche* Haltung hielt. Umso härter ist nun der Kampf darum, meinen Stolz loszulassen und jederzeit zu sagen, wie es *wirklich* um mich steht.

Aber ich weiß nun, dass ich Gottes Gegenwart in meinem Schmerz nur dann erleben kann, wenn ich die harten Fragen stelle, wenn ich meine ehrlichen Empfindungen äußere, wenn ich laut um Hilfe rufe wie Hiob oder wie Bartimäus. Wenn ich nicht bei der Wahrheit bleibe, dann dräuen die Gefühle unter der Oberfläche und lähmen meine geistlichen

Beine. Sie bleiben tief in mir verborgen, bis der nächste emotionale Sturm sie wieder an die Küsten meiner Seele spült. In der Praxis des Bekennens und Loslassens in der Stille meiner Morgenandacht ist mir klar geworden: Die Worte, die zu sagen mir so schwerfiel, verlieren ihre Macht, wenn ich sie laut ausspreche und sie der Macht Jesu Christi aussetze.

Ich denke zurück an einige meiner dunkelsten Momente. Es gab Nächte, da lag ich alleine wach und begann über die Pillendose im Medizinschränkchen zu sinnieren. Es wäre so einfach, alle Pillen auf einmal zu schlucken und damit meinen Kampf ein für alle Mal zu beenden. Ich habe das nie laut gesagt, denn ich dachte, es würde es noch wirklicher machen oder diesen dunklen Gedanken Macht verleihen, aber das ist nicht wahr. Im Gegenteil ist mir klar geworden: Friede kehrt dort ein, wo ich die finstersten Regungen ausspreche, die ich jemals hatte; wo ich mich restlos in das Licht Jesu Christi stelle.

In seinem Licht spüre ich seine Liebe und seinen Trost. Und ich empfinde seine Gegenwart als noch wohltuender, seit ich erkannt habe, dass ich in seinen Augen nicht weniger wert bin, wenn ich ihm mein Herz ausschütte. Ich fühle mich nun sicher und gehalten in meinem Leben. Deshalb lege ich ihm täglich meine Dunkelheit offen. Deshalb verharre ich in Stille und denke darüber nach, dass er mich trotz meiner Dunkelheit liebt – jeden Tag.

Einen großen Teil meiner Zeit verbringe ich mit Vorträgen auf Frauenkonferenzen und -treffen jeder Größenordnung. Sosehr ich es liebe, selbst zu reden, lerne ich doch mindestens so viel von den Frauen, die mir zuhören, wie sie von mir. Es eröffnet mir Einsichten in das wunderbare Wirken Jesu Christi in seiner Kirche und durch seine Kirche, wenn ich von anderen höre, wie ihr Glaube herausgefordert und verändert wird. In einer derartigen Gemeinschaft des wechselseitigen Gebens und Nehmens wachsen wir alle.

Ich spüre es, wenn etwas in meinen Vorträgen einen Nerv bei den Zuhörerinnen getroffen hat oder wenn etwas vertieft werden muss. Wenn mir klar wird, dass ich nur an der Oberfläche gekratzt habe, das Publikum aber mehr braucht, dann können wir tiefer einsteigen. Zumindest in der Theorie läuft das so. Ich habe festgestellt, dass längst nicht jeder begeistert ist, wenn ich von der erlebten Befreiung berichte. Manche verstehen es nicht oder fühlen sich unbehaglich, wenn ich beginne, ganz offen von meinen inneren Regungen zu berichten. In solchen Augenblicken wird das Loslassen umso wichtiger.

Letztes Jahr sprach ich zu einer kleinen Gruppe von Frauen in Texas. Wir betrachteten gemeinsam, wie Christus uns helfen kann in Momenten, in denen der Himmel zu schweigen scheint oder in denen Gebete anscheinend keine sinnvolle Antwort bekommen. Ich erzählte den Frauen, dass ich immer noch mit Depressionen zu tun habe, aber mittlerweile gelernt habe, Jesus und sein Licht dahin einzuladen. Ich bat sie zu überlegen, wie sie dem in ihrem Leben einen größeren Platz einräumen könnten, und nannte einige Beispiele:

Vielleicht haben Sie Probleme in Ihrer Ehe.

Vielleicht erleben Sie eine schwierige Zeit mit einem Kind, das sich gegen alles auflehnt, was Sie ihm vermittelt haben.

Vielleicht haben Sie Mühe mit einem Kollegen oder einer Kollegin.

Oder es gefällt Ihnen nicht, was Sie an sich selbst wahrnehmen.

Meine Prämisse war: Ganz gleich, was Ihnen gegenwärtig Mühe macht und was Sie empfinden angesichts dieser Schwierigkeiten – Jesus möchte es mit Ihnen durchstehen. Ganz gleich, wie übermächtig oder wie nichtig das Problem erscheint – Jesus möchte, dass Sie ihn um Hilfe bitten.

Nachdem wir uns einige Zeit darüber ausgetauscht hatten, sagte ich eine fünfzehnminütige Pause an. Ich war auf dem

Weg zu einem kleinen Zimmer, das die Gastgeber für mich reserviert hatten, wo ich mir eine Tasse Tee machen wollte, als mich eine Frau ansprach. Sie sagte, sie müsse vor der Abschlussrunde mit mir reden. Ich blieb bei ihr stehen, um ihr zuzuhören.

„Was Sie da gerade erzählt haben, war geradezu aus dem Abgrund der Hölle", legte sie los.

Ich war so schockiert, dass ich erst mal nichts sagte.

„Glauben Sie etwa nicht, dass alle Krankheiten, jeder Krebs, auch jede psychische Störung am Kreuz Jesu Christi besiegt wurden?", fragte sie.

Ich hielt einen Moment inne und blickte ihr in die Augen. Ihr Argument war ihr offenbar sehr wichtig. Im Stillen bat ich Jesus, mir zu helfen, dass ich weniger auf ihre Worte und mehr auf ihr Herz höre.

Keine Worte kamen – jedenfalls nicht sofort. Ich stand einige Augenblicke blinzelnd da, dann sagte ich: „Ich glaube von ganzem Herzen, dass Jesus Christus mehr als fähig ist, jedes erdenkliche menschliche Leiden zu heilen. Aber es gibt in diesem irdischen Leben Zeiten und Fälle, in denen heilt er nicht. Dann brauchen wir seine Gnade und seine Gegenwart umso mehr."

„Das ist eine *Lüge!*", sagte sie. „Es ist eine Lüge, und es ist Sünde."

Ich erspare Ihnen den Rest, denn es wurde noch schlimmer. Ich bat sie, mich zu entschuldigen, denn es ging auf die nächste Plenumsrunde zu. Also ging ich in meinen Raum und schloss die Tür. Ich fühlte mich wie eine Fünfjährige, die man gerade gemaßregelt hat, weil sie ein böses Mädchen sei. Ich setzte mich dort in der Studierstube des Pastors auf den Fußboden. Im Stillen redete ich mit Jesus.

Was war das denn? Warum hat sie das gemacht? Warum kommt sie überhaupt zu so einer Konferenz, wenn es das ist, was sie glaubt?

Ich war verletzt und aufgebracht, und ihr Schimpfen hatte alte Wunden aufgerissen. Ein Teil von mir wollte ihr am liebsten sagen, sie solle mit ihrem hässlichen Herzen doch am besten heimgehen. Aber ich redete ja mit Gott. Ihm, dem Vater, bekannte ich meine Regungen.

Lass los und erkenne, dass ich Gott bin.

Ich ließ die Liebe und das Erbarmen Jesu Christi einsickern an jene alten Orte des Missverstehens und der Ablehnung. Und wie ich so dasaß in der stillen Gegenwart seiner Liebe, öffnete er mir die Augen. Ich verstand, dass diese Frau vermutlich in der Vergangenheit genauso verletzt und gebrochen worden war wie ich selbst. Ich saß da und brachte sie in Gedanken vor Christus und bat ihn, dass er jeden Winkel ihres Herzens mit seiner Liebe, seiner Gnade, seinem Erbarmen fluten möge.

Als die Konferenz vorüber war, versuchte ich sie zu finden, aber sie war schon gegangen. Gegangen wie meine Empfindungen, ungerecht behandelt oder falsch verstanden worden zu sein.

Wenn ich aufhöre, aus der Haltung meines Schmerzes heraus zu reagieren, und stattdessen meine Verletzungen vor Gott bringe, dann finde ich Frieden. Indem ich mir seine große Liebe für mich klarmache, bekomme ich Kraft selbst inmitten meiner widersprüchlichen Empfindungen.

Nur dann kann ich verstehen, dass ich ein geliebtes und geschätztes Kind Gottes bin. Nur dann kann ich aus einer Haltung der Liebe heraus reagieren.

Teil meiner Reise zu einer tieferen, innigeren Beziehung mit Jesus Christus sind die Lernschritte, dass ich ihm regelmäßig die ganze Wahrheit über meinen inneren Zustand sage – Tag für Tag. Dass Sie sich mit mir auf diesen Weg machen, das wünsche ich mir. Es bringt nicht nur die Lasten ans Licht, die wir tragen, es verhilft uns auch zur Entdeckung der wunderbaren Kameradschaft mit Jesus, zu der wir eingeladen sind. Ihm das Herz ausschütten – das ist das Gegengift gegen Einsamkeit.

Seit Jahren habe ich ein Tagebuch neben meiner Bibel liegen. So kann ich mir alles notieren, was ich als Hinweis des Heiligen Geistes im Hinblick auf den kommenden Tag wahrnehme. Kürzlich habe ich mich in die Einträge früherer Jahre vertieft, und das war sehr aufschlussreich. Ich war bestimmt aufrichtig, als ich die jeweiligen Notizen gemacht habe, aber einzelne meiner Eindrücke muss ich heute doch hinterfragen. Da ich in einer extrem konservativen kirchlichen Umgebung aufgewachsen bin, war meine kniefällige Antwort auf die meisten Dinge des Lebens: *Sag das Richtige*, ob es sich wahrhaftig anfühlte oder nicht.

In einem meiner Einträge aus meinem vierten Lebensjahrzehnt schrieb ich: „Auch wenn ich mich an einem sehr dunklen Ort befinde, weiß ich doch, dass Gott bei mir ist." Aber ich weiß heute, dass ich mir damals ganz und gar nicht sicher war, wo Gott war, als ich mich an einem sehr dunklen Ort befand. Ich muss, nein: ich kann schon Gott gegenüber ganz und gar wahrhaftig sein! Tatsächlich war ich mir eben nicht sicher, dass Gott bei mir war, als ich auf der Bahnüberführung stand oder mit der Pillendose in der Hand dasaß. Ihm das sagen, das eingestehen macht mich erst fähig, die befreiende Botschaft anzunehmen, *dass* er da war – bei mir, die ganze Zeit über. Er ist nie von meiner Seite gewichen. Je schonungsloser meine Rechenschaft ausfällt, umso größer wird mir seine Gegenwart.

Meine Zweifel, meine Fragen haben Gott nicht abgestoßen, sondern im Gegenteil noch mehr angezogen. Sosehr, dass ich allmählich zu verstehen begann, dass Gott von jeher mein Zufluchtsort war, immer schon gegenwärtig. Er war bei mir, als ich mich verzweifelt und einsam fühlte. Er war da, als ich dachte, die Finsternis würde mich vollständig verschlingen. Gott war da, egal wie tief das Wasser, wie überwältigend der Schmerz, wie stumm das Grab war. Und er war nicht nur in einem übertragenen Sinn da. Er war mir so nah wie der nächste Atemzug.

David hat diese Wahrheit auch schon gekannt. In seinen dunkelsten Momenten hat er sich daran erinnert. Er hatte Ehebruch begangen und den Tod eines seiner loyalsten Gefolgsleute arrangiert. Davids mit voller Absicht begangenen Sünden haben vielen Menschen geschadet. Er hat erbärmlich versagt. Trotzdem hat es ihn getröstet zu wissen, dass Gott derjenige war, der alles über ihn wusste. In Psalm 139 hat David das so ausgedrückt:

Herr, du durchschaust mich, du kennst mich durch und durch.

Ob ich sitze oder stehe – du weißt es, aus der Ferne erkennst du, was ich denke.

Ob ich gehe oder liege – du siehst mich, mein ganzes Leben ist dir vertraut.

Schon bevor ich anfange zu reden, weißt du, was ich sagen will.

Von allen Seiten umgibst du mich und hältst deine schützende Hand über mir.

Dass du mich so genau kennst, übersteigt meinen Verstand; es ist mir zu hoch, ich kann es nicht begreifen!

Wie könnte ich mich dir entziehen; wohin könnte ich fliehen, ohne dass du mich siehst?

Stiege ich in den Himmel hinauf – du bist da! Wollte ich mich im Totenreich verbergen – auch dort bist du!

Eilte ich dorthin, wo die Sonne aufgeht, oder versteckte ich mich im äußersten Westen, wo sie untergeht,

dann würdest du auch dort mich führen und nicht mehr loslassen.

Wünschte ich mir: „Völlige Dunkelheit soll mich umhüllen, das Licht um mich her soll zur Nacht werden!" –

für dich ist auch das Dunkel nicht finster; die Nacht scheint so hell wie der Tag und die Finsternis so strahlend wie das Licht.

(Psalm 139,1-12; HfA)

David wusste, dass er nicht an der Gegenwart Gottes rütteln konnte, ganz gleich, was er tat. Und dieses Wissen erfüllte ihn mit Bewunderung.

Was ich von Gott denke, das hat sich mit der Zeit verändert. Früher dachte ich zum Beispiel, dass Gott enttäuscht von mir sein müsse, wenn ich versagte oder mich der Verzweiflung hingab. Ebenso falsch war meine zeitweilige Überzeugung, dass Gott mich für gute Entscheidungen belohnt, die ich treffe. Nichts davon trifft zu. Die Wahrheit ist einfach und eigentlich nicht schwer zu begreifen: Wenn Gott mich ansieht, dann sieht er das abgeschlossene Erlösungswerk Jesu. Wenn er mich ansieht, dann sieht er mich rein, makellos, weiß – ein schönes, geliebtes, geschätztes Mädchen. Und bei Ihnen ist es genauso. Auch wenn Sie das vielleicht im Hinblick auf sich selbst nur schwer glauben können.

So schlage ich vor, dass Sie einen Moment innehalten und sich so aufrichtig wie möglich fragen: „Was kommt mir in den Sinn, wenn ich an Gott denke?"

Denken Sie, dass Gott gut ist?

Denken Sie, dass Gott für Sie da ist?

Denken Sie, dass Gott auf Sie stolz ist?

Denken Sie, dass Gott sich um Sie persönlich kümmert?

Denken Sie, dass Gott Sie an Ihren schlimmsten Tagen genauso liebt wie an den Tagen, an denen Sie gut drauf sind?

Denken Sie, dass Gott Ihre Gebete hört und darauf antwortet?

Von unseren Antworten auf diese Fragen hängt es ab, ob wir uns Gott vorbehaltlos anvertrauen und ob wir ihn als unseren Zufluchtsort wählen. Von unseren Antworten hängt auch ab, ob wir Gott auch dann noch anbeten, wenn nichts im Leben einen Sinn ergibt oder wenn es scheint, als ob dieser liebende Gott schweigt.

Selbst Jesus musste sich dem Schweigen Gottes aussetzen, selbst er stand vor der Entscheidung, offen zu sagen, wie es um ihn steht. Ziya Meral hat in einem Artikel des Internetmagazins *Christianity Today* darüber geschrieben: „Jesus hat Gott nicht dort die größte Ehre erwiesen, wo er auf dem Wasser wandelte oder wo er ganze Nächte im Gebet verbrachte, sondern als er im Garten Gethsemane in Todesangst zu Gott schrie und sich entschied, Gottes Willen zu folgen. Auch wenn das Einsamkeit, Finsternis und das Schweigen Gottes bedeutete." [10]

Gekreuzigt werden – das war die schändlichste Todesart im Römischen Weltreich. Es war eine barbarische, verächtliche und unvorstellbar schmerzhafte Art zu sterben. Auf dem Weg zum Hinrichtungsplatz wurden die Verurteilten gezwungen, den Kreuzesbalken selbst zu tragen. Allen, die das beobachteten, war klar: Das ist ein Ticket ohne Rückfahrkarte. Der Kreuzträger wird nicht mehr zurückkommen. Dennoch hat sich Jesus auf den Kreuzweg gemacht.

Haben Sie im Ohr, was Jesus seinen Freunden dort im Garten Gethsemane gesagt hat? Wissen Sie, was er gebetet hat?

„Er sagte zu ihnen: ‚Ich zerbreche beinahe unter der Last, die ich zu tragen habe. Bleibt hier und wacht mit mir!' Jesus ging ein paar Schritte weiter, warf sich nieder und betete: ‚Mein Vater, wenn es möglich ist, dann lass den Kelch an mir vorübergehen und erspare mir dieses Leiden! Aber nicht was ich will, sondern was du willst, soll geschehen'" (Matthäus 26,38f.; HfA).

Jesus hat nicht so getan, als nähme er die Grausamkeit des

Kreuzes freudig auf sich. Er hat keine süßliche theologische Wahrheit über die Herrlichkeit des Leidens verbreitet. Vielmehr hat er die Wahrheit gesagt – erst seinen Freunden, dann in der Gegenwart seines Vaters. Er war tiefbetrübt, verzweifelt, voller Angst, am Boden zerstört, und so hat er auch gebetet. Wenn Jesus in Aufrichtigkeit, in ehrlichen Worten keinen Mangel an Glauben sah, warum sollten wir es dann tun? Das ist ja das Gute an der Erlösung – wir dürfen ehrlich sein, wir müssen unsere wahren Empfindungen nicht unterdrücken. Christsein ist kein Versteckspiel; Christsein bedeutet, sich voll und ganz dem Licht auszusetzen. Christsein heißt, sich täglich in der Sicherheit der Gegenwart Gottes zu bewegen.

Unsere täglichen Kämpfe sind üblicherweise nicht so gewichtig wie das, was Jesus in Gethsemane im Gebet vor Gott gebracht hat. Steht uns der Tod an einem römischen Galgen bevor? Nein. Dennoch tragen wir eine Million Lasten und straucheln millionenfach unter diesen Lasten. Einige von uns haben mit finsteren Dingen wie Suizidgedanken und Depressionen zu kämpfen. Andere kämpfen mit Essstörungen oder mit Angstattacken. So etwas mag anderen nicht der Rede wert erscheinen, aber für uns sind diese Herausforderungen gewaltig und verlangen uns alles ab. Aber egal womit wir zu kämpfen haben, es kann sehr hilfreich sein, das, was uns zu schaffen macht, auch das nur scheinbar Unsagbare, täglich in die Gegenwart Gottes zu bringen. Durch das tägliche Bekenntnis vergegenwärtigen wir uns, wie sehr Gott uns liebt. Wir haben das Vorrecht, dass wir uns dieser Liebe aussetzen und darüber meditieren können.

„Meditieren?", fragen Sie vielleicht. Ja, meditieren.

Vielleicht sind Sie in einer Tradition aufgewachsen, in der Meditation als geistliche Übung nicht gepflegt wurde. So war das auch bei mir. Aber dann habe ich entdeckt: Wer weiß, wie man sich Sorgen macht, wer weiß, wie man seine Gefühle vergräbt und über ihnen brütet, weiß auch, wie man meditiert. Es geht darum, die Sorge zu identifizieren, sie zu bekennen und an Gott abzugeben – und dann etwas anderes wählen, worüber man nachdenkt. Das machen Sie Tag für Tag. Sie lassen los – und lassen los – und lassen los. Mit der Zeit wird diese Übung – das Loslassen und das sich der Liebe Gottes Aussetzen – zur zweiten Natur. Es wird Ihre Meditation.

David schrieb: „Ich gedenke deiner auf meinem Lager und sinne über dich nach, wenn ich wache" (Psalm 63,6; EÜ). Das hebräische Wort für *nachsinnen* ist *hagah*. Es bedeutet „murmeln", oder „Gurren wie eine Taube." Ich weiß nicht, ob Sie schon mal einer Taube beim Gurren zugehört haben. Es ist ein angenehmes, anhaltendes Geräusch. In diesem Psalmvers geht es darum, die Worte Gottes wieder und wieder zu bedenken, bis ihre Wahrheit vom Verstand in die tiefsten Tiefen unserer Seele sinken.

Sei still und erkenne, dass ich Gott bin. Lass los. Das ist eine Einladung an Sie.

Hoffnungs-Zeichen

Meditation ist eine Art der geistlichen Übung, die in den Kirchen evangelischer Tradition zumeist verloren gegangen ist. Es gibt einen entscheidenden Unterschied zwischen Meditation im christlichen Sinn und fernöstlicher oder transzendentaler Meditation: Letztere zielt darauf ab, dass die Meditierenden ihren Geist vollständig leeren.

Christliche Meditation dagegen zielt darauf ab, dass unser

Geist erfüllt wird – nämlich mit den Worten und der Gegenwart Gottes. Es geht auch nicht darum, dass wir „uns selbst finden", sondern darum, dass wir entdecken, wer wir in Jesus Christus sind. Wir sind nicht berufen, auf eine innere Reise zu gehen, sondern wir sind berufen, Jesus auf dem Weg des Kreuzes zu folgen.

Wie damit anfangen?

Legen Sie einfach los. Das ist keine Übung für ein paar wenige auserwählte Gläubige, die man für geistlich besonders reif hält. Meditation ist ein offenes Tor, um in der Gnade und Gegenwart Gottes zu leben – und zwar für alle, die sich darauf einlassen.

Ein paar Bibelverse können dabei helfen.

Wenn möglich, sollten Sie die Verse auswendig lernen. Sie können sie aber auch auf eine Karte schreiben, die sie mit sich führen. Es kommt nicht darauf an, welche Bibelübersetzung Sie wählen. Nehmen Sie sich jeden Morgen etwas Zeit für die Stille und bereiten Sie sich innerlich darauf vor, über einen solchen Vers zu meditieren. Sie können sich die Frage stellen: Wie spricht dieser Vers in mein Leben? Was sagt er aus über Gott? Was sagt er aus über mich?

Anschließend können Sie Gott bitten, dass er Ihnen sein Wort aufschließt und es in ihrem Leben aktiviert.

Von der herrlichen Pracht deiner Majestät will ich sprechen,
und über deine Wunder will ich nachsinnen.

Psalm 145,5 (NGÜ)

Herr, du gibst Frieden dem,
der sich fest an dich hält und dir allein vertraut.

Jesaja 26,3 (HfA)

Für die, die mit Jesus Christus verbunden sind, gibt es keine Verurteilung mehr.

Römer 8,1 (NGÜ)

Der Herr ist mein Hirte, nichts wird mir fehlen.

Psalm 23,1

7. Wunderbar ruiniert

Er hatte früher nie gewusst, wie stark das Bedürfnis
seines Herzens nach einem Zunicken, einem Blick
oder Wort war, und ebenso wusste er nicht,
wie unendlich groß der Trost war, den er durch solche
unbedeutenden Dinge tropfenweise einschlürfte.

Charles Dickens, Schwere Zeiten

Der Sommer machte allmählich den Vorboten des Herbstes
Platz, und ich fühlte mich bereit für eine genauere Inspektion der Habseligkeiten meiner Mutter. Das meiste davon
steckte noch in meinem Rucksack, den ich bei der Rückkehr
aus Schottland im Kleiderschrank verstaut hatte.

Es hatte uns einige Zeit gekostet, Mums Hinterlassenschaften zu sortieren. Meine Schwester Frances, meine
Schwägerin Mary und ich hatten Mums Schmuck durchgesehen; jede hatte sich einzelne Stücke ausgesucht, die eine
besondere Bedeutung für sie hatten. Ich sollte Mums Verlobungsring bekommen, aber der war nicht zu finden. In den
letzten Jahren ihres Lebens hatte Mum den Überblick über
viele ihrer Sachen verloren. Sie hatte auch vergessen, dass
einige von ihnen wertvoll waren. Ich konnte mir gut vor-

stellen, dass sie den Ring mit einem anderen Heimbewohner gegen eine Schachtel Pralinen eingetauscht hat oder gegen eine Pflanze oder gegen sonst eine der Kostbarkeiten, die das Airlie House beherbergt hatte. Ich sagte mir, dass ein solcher Tausch ihr einen Augenblick der Freude beschert haben würde, und wenn das so war, dann freute ich mich für sie.

Mum hatte Frances ihre goldene Uhr zugedacht. Mary bekam die lange Perlenkette. Mir fiel Mums silbernes Medaillon zu und die kurze Perlenkette, die sie an ihrem Hochzeitstag getragen hatte. Das Medaillon enthält ein Foto von Mum auf der einen Seite und eines von Dad auf der anderen. Dad trägt darauf ein einfaches weißes Hemd, den Kragen offen. Sein Haar ist dunkel, und er lächelt freundlich. Mum hat auf dem Foto ein Kleid mit Blumenmuster an, und ihr langes dunkles Haar weht im Wind. Die beiden sehen so jung und lebensdurstig aus. Ich wünschte, ich hätte sie in diesem Alter erleben können.

Wir fanden Mums Bezugsscheinheft aus dem II. Weltkrieg, ihre erste Bibel und Briefe ihrer engsten Freunde, die sie nach dem Tod meines Vaters behalten hatte. Ich ließ die meisten Papiere bei Frances, nur ein paar nahm ich mit, darunter zwei, die Mum selbst geschrieben hatte. Ich habe ihre schöne Handschrift immer geliebt. Sie schrieb relativ klein mit leicht geneigten Buchstaben, aber sehr akkurat – eine Kunst, die verloren zu gehen droht.

Nachdem wir alles durchgesehen hatten, deponierte ich die ausgewählten Schätze sorgfältig in meinem Rucksack und flog zurück nach Dallas. Wieder zu Hause, nahm ich nur ihr *Yes,-Lord!*-Bild heraus und den Stoffhasen. Alles andere ließ ich im Rucksack, der nun im Kleiderschrank stand.

Eines Nachmittags hatte Barry einen Arzttermin, und die Hunde waren nicht da, also war es ungewöhnlich leise im Haus. Ich ging zum Kleiderschrank, nahm den Rucksack heraus und brachte ihn ins Erdgeschoss. Ich schenkte mir eine

Tasse Tee ein und setzte mich an den Tisch im Esszimmer. Ich holte tief Atem und öffnete den Rucksack. Als Erstes bekam ich Mums Bibel zu greifen, die sie 1939 bekommen hatte als Preis in einem Wettbewerb für die schönsten gepressten Blumen. Die Blumen waren immer noch vorhanden, sorgfältig in die vordere Einbandseite eingelassen – schottische Glockenblumen. Ich versuchte mir vorzustellen, wie Mum als kleines Mädchen in einem Sommerkleid sich bückt, um die schönsten dieser leuchtend lila-blauen Blumen auszuwählen, die in den Sommermonaten viele von Schottlands Wiesen schmücken.

Als Nächstes nahm ich eine abgegriffene kleine Schachtel heraus. Darin waren all die Abzeichen verstaut, die Mum von *Junior Christian Endeavour* bekommen hatte, einer überkonfessionellen Jugendbewegung, der Mum als Teenager beigetreten war. Ich tat es ihr als junges Mädchen gleich. Das Motto der Bewegung war „Für Christus und die Kirche". Mum hatte ihre Mitgliedskarte mit der aufgedruckten Selbstverpflichtung aufbewahrt – und meine ebenfalls. Das brachte mich zum Schmunzeln. Ich erinnere mich gut, wie ich jeden Donnerstagabend mit meinen Freunden im Obergeschoss der *Ayr Baptist Church* diese Selbstverpflichtung gesprochen hatte:

„Im Vertrauen auf die Kraft, die mir der Herr Jesus Christus verleiht, gelobe ich, dass ich alles tun will, was er von mir erwartet; dass ich es mir zur Angewohnheit mache, täglich zu beten und in der Bibel zu lesen; dass ich die Arbeit und den Gottesdienst meiner Gemeinde in jeder denkbaren Weise unterstütze; und dass ich nach bestem Wissen und Gewissen versuche, so lange ich lebe, ein christliches Leben zu führen.

Als aktives Mitglied gelobe ich, alle meine Pflichten zu erfüllen, an allen Treffen von *Christian Endeavour* teilzunehmen und zu ihnen beizutragen."

Ich legte die Bibel und die Schachtel mit den Karten zur Seite und holte einen Hefter mit der Aufschrift „Airlie House" aus dem Rucksack. Darin waren die regelmäßigen Berichte über Mums Gesundheitszustand einschließlich einiger Empfehlungen ihrer Betreuer, etwas Gymnastik zu betreiben. Das letzte Blatt war ein Fragebogen, in dem Mum einige Felder ausgefüllt hatte.

Die erste Frage lautete: „Was würden Sie gerne häufiger tun?", und Mum hatte geschrieben: „Fernreisen."

Ich lachte laut auf. In den letzten Wochen ihres Lebens konnte man sie kaum bewegen, den Weg von ihrem Zimmer zum Speisesaal zu gehen, aber in ihrem Geist war sie dieselbe geblieben. Sie hatte immer gern Reisen unternommen.

Als Nächstes stand da: „Ich würde gern öfter mit meiner Tochter in Amerika skypen." Mir kamen die Tränen, denn als wir es mal probiert hatten, hatte sie auf den Bildschirm geschaut und erklärt: „Wenn ich gewusst hätte, dass ich ins Fernsehen komme, hätte ich die Haare richten lassen." Dieser Versuch mit Skype war ein Desaster, aber ihre Worte machten deutlich, wie sehr sie sich eine engere Verbindung mit mir gewünscht und wie oft sie an mich gedacht hatte. Sie hatte gewusst, wo ich lebe, und sie hatte mein Gesicht sehen wollen. Ich werde dieses Blatt Papier für immer in Ehren halten.

„Erzählen Sie etwas über sich selbst", forderte der Fragebogen weiter auf. Mum hatte geschrieben: „Ich fahre gern Rad." Das stimmte. Sie war in jungen Jahren eine begeisterte Radfahrerin, und als ich noch ein Kind war, haben wir lange Radtouren in die weitere Umgebung gemacht. Nach einer gewissen Strecke suchten wir uns ein ruhiges Plätzchen, setzten uns auf eine Decke, verzehrten unsere Tomatensandwiches und versuchten all die Wildblumen auf der Wiese zu identifizieren.

Außerdem hatte Mum geschrieben: „Ich mag pikantes Essen. Das Essen hier ist etwas fad." Das überraschte mich.

Sie war, soweit ich es wusste, nie ein Fan von scharfen Gewürzen gewesen. Aber ich kann mir natürlich vorstellen, dass sich der Geschmackssinn mit dem Alter verändert.

Schließlich hatte sie geschrieben: „Ich bin eine gute Freundin." Mein Magen machte einen Satz, und einmal mehr flossen Tränen. Meine Mum kannte offensichtlich ihren wahren inneren Zustand. Ich glaube, meine Mum hatte die dunklen Momente ihres Lebens aufgearbeitet, auch die Scham und die Lügen, und war fähig gewesen, ihre eigene Schönheit zu erkennen. Meine Mum hat mir offensichtlich mehr hinterlassen, als mir ursprünglich bewusst war.

Aus vielerlei Gründen hatte ich lange Zeit Schwierigkeiten damit, klare, positive Aussagen über mich selbst zu formulieren. Ich wehrte Komplimente instinktiv ab. Ich dachte zurück an den Tag, an dem wir Mums Zimmer in Airlie House räumten. Margaret Rankin, eine Freundin meiner Mutter seit Kindertagen, hatte den Kopf um die Ecke gestreckt und gefragt, ob wir Zeitungspapier zum Einschlagen von Sachen brauchten. Ich hatte das Angebot dankbar angenommen und war ihr zu ihrem Zimmer gefolgt. Sie hatte mir die Zeitungen gegeben und dann meine Hand ergriffen und gesagt: „Deine Mutter war eine gute Freundin für mich."

Ich musste an Maureen Martin denken, Mums beste Freundin. Die bei einem Frontalzusammenstoß mit einem Lastwagen ums Leben gekommen war, als ich in den Zwanzigern war. Ein kleines gerahmtes Foto von ihr hatte stets bei Mums Sessel am Kamin gestanden. Ich wühlte etwas tiefer im Rucksack und fand das alte Foto von Maureen dort. Ich war glücklich darüber. Ich hatte Maureen ebenfalls gemocht.

Ich erinnere mich an Abende, an denen entweder Margaret oder Maureen zu Mum gekommen waren, nachdem wir Kinder im Bett waren. Sie trafen sich jede Woche, und oft redeten sie bis tief in die Nacht. Immer zu Weihnachten fand sich eine große Kiste vor unserer Haustür mit einem

Truthahn darin und allem, was dazugehört – von Maureen und ihrem Mann Jim. Als Margarets Ehemann Robert starb, verbrachte Mum viel Zeit mit ihr. Letzte Weihnachten hatte ich einen kleinen modellierten Igel im Korb mit dem Christbaumschmuck gefunden, den mir Margaret geschenkt hatte, als ich zusammen mit Christian zu einem kurzen Besuch in Schottland war. Mum hatte gesagt: „Lasst uns Margaret zum Essen ausführen", und als wir uns später verabschiedet hatten, hatte Margaret den kleinen Igel überreicht mit den Worten: „Für euren Christbaum. Er soll euch an all die guten Zeiten erinnern."

„Ich bin eine gute Freundin", hat meine Mutter geschrieben. Wie wahr. Ihre Freundinnen waren ebenfalls gut.

Ich hatte mir gewünscht, ich wüsste etwas über Mums dunkelste Momente und wie sie sie erlebt hat. Ich hatte nicht gewollt, dass sie jemals alleine weinen musste. Aber als ich nun das Foto von Maureen sah, dämmerte es mir: Sie war tatsächlich nie allein gewesen. Sie hatte ihren engsten Freundinnen Zugang zu jenem heiligen Raum in ihrem Innern gewährt, wo sie wirklich sie selbst war. Mum hatte ihre Gemeinschaft, eine vertraute Gruppe von Schwestern, denen sie all die Dinge anvertrauen konnte, die die meisten Menschen sogar vor Gott verbergen. Sie waren ihre Schwestern im Wissen um einander und im Gebet, und sie konnten Trauer und Freude, Hoffnungen und Träume, Dunkelheit und Licht miteinander teilen.

Als Kind hatte ich in mir ein inneres Versteck gemauert, das mich davor bewahren sollte, von anderen verletzt zu werden. Ich dachte, meiner Mutter sei es ähnlich gegangen. Aber wenn ich heute zurückschaue, ahne ich, dass ich mich geirrt habe. Mum wusste, dass sie sich nicht nur ihrem himmlischen Vater gegenüber öffnen musste. Sie brauchte eine verlässliche Gemeinschaft, in der sie offen sein konnte, eine Gemeinschaft, in der sie trotz und wegen ihrer Offenheit geliebt wurde. Sie fand das alles im Kreis ihrer schwesterlichen Freundinnen. Auf dem gemeinsamen Weg mit diesen Schwestern hat Mum meiner Überzeugung nach erfahren, wie erlösend es ist, wenn man sein tiefstes Inneres zu Christus bringt. Nicht ihr Kummer hat diese Frau gezeichnet. Sie war bestens gekannt und angenommen. Sie war geliebt und geschätzt.

Wenn wir Kraft inmitten unseres herausfordernden, chaotischen Lebens finden wollen, ist es entscheidend, dass wir Gott unsere innere Dunkelheit bekennen, dass wir sie loslassen und Gott gestatten, dass er uns seine Liebe zuwendet. Aber ohne echte Gemeinschaft ist es schwer, die Lügen, die wir uns selbst einreden, hinter uns zu lassen. Wir sind angewiesen auf Gemeinschaft, wo man uns durch und durch kennt, wo wir willkommen und geliebt sind. Ich habe versucht, geistliches Wachstum für mich allein zu finden, ohne andere, aber das hat nicht funktioniert. In den Wochen und Monaten vor meinem ersten Zusammenbruch 1992 hatte ich alles Mögliche versucht, um Gott näherzukommen. Ich las in der Bibel und ich betete regelmäßig, dennoch fühlte ich mich wie eingefroren. Ich unternahm einen verzweifelten letzten Versuch um aufzutauen. Um jede verborgene Sünde, jeden unbewussten Ungehorsam aufzudecken, die möglicherweise für meine Hoffnungslosigkeit verantwortlich waren, fastete und betete ich einundzwanzig Tage am Stück. Das Ergebnis war nicht etwa ein großer geistlicher Durchbruch, vielmehr landete ich als Patientin in der psychiatrischen Klinik.

Im Rückblick hat sich dieser Aufenthalt in der Klinik als Katalysator für den geistlichen Durchbruch erwiesen, den ich ersehnt hatte. Manchmal sorgen Gottes größte Geschenke dafür, dass uns die Hände bluten, aber es sind und bleiben trotzdem seine größten Geschenke. Ausgerechnet in dieser

Gemeinschaft von erkrankten Menschen habe ich zum ersten Mal erlebt, was es heißt, jemandem Zugang zu den verborgenen Plätzen im Innern zu gewähren, meine Geheimnisse zu teilen und offenzulegen, was ich hinter den Mauern versteckt hatte.

Jeden Tag saß ich im Kreis mit anderen Patienten und stellte mich vor, als ich an die Reihe kam. Ich wusste anfangs nicht, was wir da taten – und wozu.

„Ich heiße Susan, und ich bin hier, weil ich an Magersucht leide", sagte eine hagere Frau mit strähnigen blonden Haaren.

„Ich bin Michael, und ich bin hier, weil ich versucht habe, mich umzubringen", sagte ein Mann mit vernarbten Handgelenken.

„Ich bin Sheila, und ich habe keine Ahnung, warum ich hier bin."

Anfangs habe ich diese therapeutischen Stuhlkreise nicht gemocht. An einzelnen Tagen fühlte ich mich bedroht durch die schonungslose Offenheit und schockierende Ehrlichkeit. Am meisten fürchtete ich die Fragen der anderen.

„Warum bist du so zurückhaltend uns gegenüber?"

„Warum sagst du nicht einfach, was wirklich mit dir los ist?"

„Sheila, wenn du dann endlich so weit bist, dann werden wir für dich da sein."

Der Gedanke, die Kellertür meiner Seele zu öffnen, war zu viel für mich. Mein ganzes Leben über hatte ich geglaubt, dass man mich vollends abschreiben und allein lassen würde, sobald ich irgendjemandem einen Blick auf den schlimmen Teil von mir erlauben würde. Aber die traurige Wahrheit ist: Dass ich meinen wahren Zustand in mir verschlossen habe, *das* hat mich einsam gemacht.

Indem ich diese Teile von mir isoliert habe, konnte mich nie jemand wirklich kennen.

Ich erinnere mich an den Tag, an dem ich nicht länger schweigen konnte. Es war still in der Runde. Ich war an der Reihe. Alle anderen hatten bereits ihre Seele offengelegt, hatten Gott und den anderen Zugang zum Ort ihres jeweiligen Schmerzes gewährt. Sie waren es leid, von mir nur höfliche, unverbindliche Antworten zu hören, und so waren sie gespannt auf das, was ich zu sagen hatte. Ehrlich gesagt erinnere ich mich nicht mehr an die genauen Worte, aber ich erinnere mich daran, dass es sich angefühlt hat, als würde ein Tornado durch mich hindurchfegen und die Mauern in mir zum Einsturz bringen. Ich verlor jede Fassung.

Ich erzählte ihnen, dass ich mich selbst hasste.

Ich sagte ihnen, dass ich wünschte, ich sei tot und mein Vater dafür am Leben.

Ich sagte ihnen, dass ich das Gefühl hätte, auf Kredit zu leben, und dass ich mir wünschte, es wäre vorbei.

Ich erzählte ihnen, dass ich mich fürchtete und so einsam fühlte. Genau da ereignete sich etwas Heiliges.

Als ich dort auf dem abgenutzten blauen Teppich inmitten des Gruppentherapieraumes auf die Knie fiel, das Gesicht von Tränen überströmt, da bildeten die anderen einen Kreis um mich, hielten mich und beteten laut für mich. Ich fühlte mich, als würde ich unter das Kreuz getragen. Ich habe mich niemals vorher so nackt und zugleich so bedeckt gefühlt, so verletzlich und zugleich so sicher. Tröstende Bibelworte, die ich früher anderen zugesprochen hatte, entfalteten nun ihre heilsame Wirkung an mir selbst.

„Mein Elend hast du doch aufgeschrieben! Nun sammle meine Tränen in deinem Krug! Ist nicht alles in deinem Buch aufgeschrieben?" (Psalm 56,8; BB).

„Gott ermutigt uns in all unserer Not. Und so können auch wir anderen Menschen in ihrer Not Mut machen. Wir selbst haben ja ebenso durch Gott Ermutigung erfahren" (2. Korinther 1,4; BB).

Nach unserer Therapiesitzung an jenem Tag ging ich hinaus in den Gebetsgarten für die Patienten. Ich setzte mich auf die Bank bei einem Brunnen und lauschte, wie das Wasser über die Steine perlte. Ich fühlte mich wund und erschöpft, aber ich spürte auch die Liebe Gottes, die mir durch die Gemeinschaft zugeströmt war. Ich fand keine Worte, um zu beten, aber ich benötigte auch keine, denn ich spürte deutlich die Gegenwart Christi.

Es kostet Überwindung, die Geheimnisse, die wir gehütet, und die Lügen über uns selbst, die wir lange genug geglaubt haben, ans Licht zu bringen, aber genau dort finden wir Hoffnung und Heilung. Das schaffen wir aber nicht im Alleingang. Es ereignet sich dort, wo wir vertrauenswürdige Geschwister haben, denen wir uns öffnen.

Im Jakobusbrief heißt es: „Bekennt einander eure Sünden und betet füreinander, damit ihr geheilt werdet" (Jakobus 5,16; HfA). Und das stimmt! Wir alle brauchen eine Gemeinschaft, die uns hilft, unsere Lasten zu tragen, die uns auch im Schmerz begleitet und zum Erlebnis der Wiederauferstehung.

Möglicherweise sind Sie versucht, das Bedürfnis nach Gemeinschaft als Alltagspsychologie abzutun. Sollte uns nicht Gott genügen? Reicht er nicht aus? Aber bitte denken Sie daran, dass auch Jesus Christus uns Gemeinschaft vorgelebt hat. Auch er hat die Nähe anderer gebraucht und gesucht.

Jesus hat sich ganz bewusst mit einer Gemeinschaft umgeben. Einen Kreis von zwölf Männern hat er ausgewählt. Es waren ihm schon vorher Menschen gefolgt – etwa ein Jahr lang, aber dann wurde es Zeit, dass er aus dieser Gefolgschaft die zwölf Leute auswählte, denen er seine Lehre anvertrauen wollte. Und dazu hat Jesus zuerst eine Nacht im Gebet verbracht – allein mit Gott. Der Evangelist Lukas schildert das so: „Jesus zog sich auf einen Berg zurück, um zu beten. Die ganze Nacht verbrachte er im Gebet. Als es Tag wurde, rief er seine Jünger zu sich und wählte zwölf von ihnen aus, die er Apostel nannte" (Lukas 6,12f.; NGÜ).

Was hat Jesus in diesen Männern gesehen? Sie waren alles andere als perfekt. Die meisten von ihnen waren ziemlich unfertige Gesellen. Aber Jesus muss gewusst haben, dass sie ihre Identität und ihre Berufung in ihm finden würden, sobald alles, was sie von sich selbst dachten, in Trümmern liegen würde. Und er wusste auch, dass er in dieser engen Gemeinschaft Freunde finden würde. Mit diesen Freunden, mit dieser Gemeinschaft der Zwölf hat Jesus die Triumphe und die Tragödien seines Dienstes geteilt.

Da, wo Jesus die höchsten Höhen und die tiefsten Tiefen erlebt hat, hat er den Kreis seiner Gefährten noch einmal eingeschränkt auf seine drei engsten Freunde – Petrus, Jakobus und Johannes. Diese drei wurden Zeugen seiner Verklärung, so wird es im Lukasevangelium geschildert:

Jesus nahm Petrus, Johannes und Jakobus mit sich und stieg auf einen Berg, um zu beten. Während Jesus betete, veränderte sich sein Gesicht, und seine Kleider strahlten hell. Plötzlich standen zwei Männer da und redeten mit ihm: Mose und Elia. Auch sie waren von einem herrlichen Glanz umgeben und sprachen mit Jesus über seinen Tod, den er nach Gottes Plan in Jerusalem erleiden sollte. Petrus und die beiden anderen Jünger hatte der Schlaf übermannt. Als sie aufwachten, sahen sie Jesus in seiner himmlischen Herrlichkeit und die zwei Männer bei ihm. Schließlich wollten die zwei Männer gehen. Da rief Petrus: „Herr, wie gut, dass wir hier sind! Wir wollen drei Hütten bauen, für dich eine, für Mose eine und für Elia eine!" Petrus wusste aber gar nicht, was er da sagte. Während er redete, kam eine Wolke und warf ihren Schatten auf die drei Jünger. Als die Wolke sie ganz einhüllte, fürchteten sie sich; dann hörten sie eine Stimme, die aus ihr sprach: „Dies ist mein Sohn, ihn habe ich erwählt. Auf ihn sollt ihr hören!" (Lukas 9,28-35; HfA).

Diese Begebenheit war der Höhepunkt des irdischen Wirkens Jesu, und auch wenn wir nicht wissen, was da auf dem Gipfel des Berges gesprochen wurde, ist eines klar: Petrus, Johannes und Jakobus erlebten Jesus in seinem glorreichsten Moment.

Dieselben drei Freunde waren aber auch gefordert, Jesus in die Tiefen des Leidens zu begleiten. In der Nacht vor seiner Kreuzigung folgten sie ihm auf einen anderen Berg, den Berg seiner Verzweiflung. Sie begleiteten ihn in den Garten Gethsemane: „Jesus ging mit seinen Jüngern in einen Garten am Ölberg, der Gethsemane heißt. Dort bat er sie: ‚Setzt euch hier hin und wartet auf mich! Ich will ein Stück weiter gehen und beten.' Petrus und die beiden Söhne von Zebedäus – Jakobus und Johannes – nahm er mit. Angst und tiefe Traurigkeit überfielen Jesus, und er sagte zu ihnen: ‚Ich zerbreche beinahe unter der Last, die ich zu tragen habe. Bleibt hier und wacht mit mir!'" (Matthäus 26,36-38; HfA).

Jesus ist wahrer Mensch und wahrer Gott zugleich. Dieses Geheimnis ist für uns unbegreiflich, aber in jenen letzten Stunden vor seinem Tod brauchte Jesus die Hilfe seiner engsten Freunde. Er hat die übrigen acht Jünger am Eingang des Gartens zurückgelassen (Judas hatte sich bereits abgesetzt von der Gruppe, um Jesus zu verraten). Petrus, Jakobus und Johannes allerdings sollten bei ihm bleiben. Jesus, der Sohn Gottes, der Menschensohn, sollte das Gewicht der Sünde der ganzen Welt auf seine Schultern laden, er sollte die hässlichen Geheimnisse und die Lügen der ganzen Menschheit mit in den Tod nehmen. Und als er die Last der Sünde und der Scham spürte, bat er seine drei engsten Freunde, ihm in seiner Verzweiflung beizustehen.

Bleibt hier und wacht mit mir.
Bleibt bei mir.

Alle Jahre wieder wird es Weihnachten, und wenn die Weihnachtszeit in diesem Jahr beginnt, werde ich sie damit eröffnen, dass ich den Korb mit dem Christbaumschmuck vom Dachboden hole. Ich werde mich an den Dekostücken erfreuen, die Christian als Kind gebastelt hat. Da sind die Schneeflocken, die wir ausgeschnitten haben, als er vier Jahre alt war, mit Klebstoff und Glitter bedeckt (mehr Klebstoff als Glitter). Da ist das erste Krippenornament, das er in der Schule gemacht hat (mit einem alarmierend großen Christuskind). Da ist ein kleines gerahmtes Weihnachtsfoto, das wir gern in den Baum hängen, und außerdem gibt es noch ein Dekostück, das Christian im Alter von sieben Jahren gebastelt hat. Es zeigt Jesus am Kreuz, und das – so informierte er uns damals – ist ja wohl das Wichtigste an Weihnachten. Gerade diese Bastelarbeit hängen wir jedes Jahr auf, auch wenn Jesus da nur ein Bein hat. Christians kindliche Erklärung dafür war: „Mir ist die Knete ausgegangen. Jesus wird das verstehen." Ganz unten auf dem Boden des Korbs werde ich den Igel von Margaret finden. Ihn werde ich besonders pfleglich behandeln, denn er erinnert mich an Margarets Worte: „Für euren Christbaum. Er soll auch an all die guten Zeiten erinnern."

Wo ich gerade an dieses Stück Weihnachtsdekoration denke, erinnere ich mich an die vielen Male, wo ich am Weihnachtsabend auf der Kanzel unserer Kirche stand als Solistin für die Christvesper. Ich habe auch noch das Lied im Ohr, das ich damals sang, das alte Kinder-Weihnachtslied *Little Children, wake and listen!* Es enthält alle Zutaten der Weihnachtsbotschaft – die Botschaft von der Geburt Jesu, die himmlischen Heerscharen über den Feldern von Bethlehem und ihren Lobgesang – und die große Freude, die das Ereignis auslöst.

Mum, Maureen und Margaret waren jedes Mal zur Stelle. Ich heftete meine Augen auf sie, wenn ich nervös war (und das war ich jedes Mal), und sie lächelten mir aufmunternd zu. Nun sind Maureen und Mum sicher zu Hause bei Jesus.

Bei der Trauerfeier vor Mums Beerdigung stieg ich für einen persönlichen Nachruf wieder einmal auf genau diese Kanzel, und da saß Margaret und lächelte mir zu. Schwach und gebrechlich, aber treu ihrer Freundin gegenüber bis zum Schluss. Bei ihr hatte Mum Zuflucht gefunden. Ich glaube, dass die beiden einander Zugang zu ihren jeweiligen geheimen Plätzen gewährt haben. Sie hatten verstanden, wie wichtig Gemeinschaft ist – und wie gut es ist, Schwestern zu haben, die immer da sind.

Wenn ich mir die Freundinnen meiner Mutter vor Augen führe oder die Frauen, die mir lieb und teuer sind, dann wird mir klar: Wir brauchen Demut, um einander den schwesterlichen Beistand bieten zu können. In Demut können wir einander unsere besten und unsere schlimmsten Seiten zeigen.

Als Frauen tappen wir freilich allzu leicht in die Falle, die Sache mit der Demut misszuverstehen. Weder geht es darum, dass wir uns gegenseitig überhöhen, noch darum, dass wir uns selbst künstlich klein machen. Sondern es geht um radikale Wahrhaftigkeit. A. W. Tozer hat es so ausgedrückt: „Ein demütiger Mensch ist kein Mäuschen, das mit einem Sinn seiner eigenen Unterlegenheit ausgestattet wäre. Vielmehr ist er in seinem moralischen Leben kühn wie ein Löwe und stark wie Simson, aber er hat aufgehört, sich über sich selbst zu täuschen."[11]

Begreifen, was Demut ist, und dann selbst Demut üben – das ist nicht leicht. Lange Zeit habe ich freundliche Worte abgewehrt, keinen Dank für irgendetwas akzeptiert und dabei gedacht, das sei Demut. Es war das Gegenteil davon. Diese scheinbare Demut ist auf den Kopf gestellter Stolz. Wenn wir glauben, wir seien entweder zu gut oder aber nicht gut genug, auch dann haben wir eine falsche Vorstellung von Demut. Demut ist keine Maske, hinter der man sich verstecken könnte, sondern bedeutet, dass wir enthüllen, wer wir sind.

Demut ist Herzenssache. Sie erlaubt einem, sich selbst anzunehmen, so wie man ist, und diese Großzügigkeit dann auf andere auszudehnen. Die Beziehung meiner Mum zu ihren Freundinnen hat sich segensreich auf mein ganzes Leben ausgewirkt. Ihre zuverlässige Gemeinschaft hat die Sicherheit widergespiegelt, die Jesus schenkt, und erinnert mich daran, dass ich dasselbe nötig habe. Als meine Mutter starb, waren meine eigenen Schwestern im Geist zur Stelle. Mit ihnen an meiner Seite konnte ich die Lügen abwehren, die mich in den Monaten danach verfolgten. Gemeinsam finden wir Kraft für dieses wunderbare, gebrochene Leben. Dasselbe wünsche ich Ihnen: eine sichere Gemeinschaft von Schwestern, die einander in Demut und lebenslanger Liebe begegnen.

Hoffnungs-Zeichen

Wir können keine wirkliche Gemeinschaft pflegen ohne Demut. Demut ruft uns auf zu einem bescheidenen Dasein, das Vertrautheit, Offenheit und wahre Schwesterlichkeit ermöglicht.

Das Leben, das Jesus geführt hat, ist das radikalste Beispiel für Demut. Als ob es nicht schon demütig genug wäre, dass Gott Mensch wurde, ist Jesus noch viel weiter gegangen: „Nehmt euch Jesus Christus zum Vorbild: Obwohl er in jeder Hinsicht Gott gleich war, hielt er nicht selbstsüchtig daran fest, wie Gott zu sein. Nein, er verzichtete darauf und wurde einem Sklaven gleich: Er wurde wie jeder andere Mensch geboren und war in allem ein Mensch wie wir. Er erniedrigte sich selbst noch tiefer und war Gott gehorsam bis zum Tod, ja, bis zum schändlichen Tod am Kreuz" (Philipper 2,5-8; HfA).

Jesus hätte als der auftreten können, der er ist: König der Könige. Aber er hat sich darauf eingelassen, als kleines Kind in diese Welt zu kommen. Er wurde in eine arme Familie hineingeboren. Er hat seine Herrlichkeit verschleiert. Sein Weg führte beständig abwärts. Er kam als Mensch, er wurde wie ein Sklave, und er starb wie ein gemeiner Verbrecher. Und während seines Weges auf dieser Erde hat er sich erkennbar gemacht. Er hat sich seinen Freunden nicht nur in den Augenblicken seiner Verklärung gezeigt, sondern genauso in der Todesangst und in seinem Leiden. Dieser göttliche, unfassbare Mut ruft uns heraus aus unserer privaten Verschlossenheit – hinein in Gemeinschaft. Das erfordert, dass wir uns selbst völlig öffnen und verletzlich machen. Und es erfordert Demut, die nur „von oben", von Gott kommen kann.

Wollen Sie diese Art von Offenheit erleben? Trauen Sie Gott zu, dass er sie zu Schwestern führt, zu Menschen, die Ihnen Zuflucht und Vertrautheit bieten? Lesen Sie den folgenden Bibelvers und bitten Sie Gott, dass er Ihnen die Freude des vertrauensvollen Umgangs mit ihm selbst und in einer Gemeinschaft von Schwestern schenkt.

Denn der Herr hat Gefallen an seinem Volk,
die Demütigen rettet er und bringt sie so zu Ehren.

Psalm 149,4 (NGÜ)

8. Nein zu gern geglaubten Lügen

Wenn wir uns ehrlich fragen, welche Menschen uns im
Leben am meisten bedeuten, dann werden wir oft entdecken:
Es sind nicht die, die uns viel Rat gegeben, Lösungen gezeigt
oder Auswege gewiesen haben. Vielmehr sind es die, die uns
angeboten haben, unseren Kummer zu teilen und unsere
Wunden mit zarter und feinfühliger Hand zu berühren.

Henry Nouwen, Aus der Einsamkeit leben

Unmittelbar vor dem Thanksgiving-Fest Ende November
2013 waren meine Freundin Lisa Harper und ich eingeladen
zur Kinopremiere des Films *The Christmas Candle* nach der
Erzählung von Max Lucado. Die Erstaufführung sollte bei
uns in Dallas sein.

Lisa reiste aus Nashville an, und Barry und ich holten sie
vom Flughafen ab.

Normalerweise sind Lisa und ich eher in Jeans und Stie-
feln unterwegs, aber zu diesem Anlass trug Lisa ein schi-
ckes schwarzes Strickkleid, und ich hatte ein kupferfarbenes
Abendkleid an. Als wir den Parkplatz vor dem Kino erreich-

ten, sahen wir ein Kamerateam am Ende des roten Teppichs und eine Kapelle der Heilsarmee, die am Eingang des Filmtheaters aufspielte.

Barry parkte den Wagen gewohnheitsmäßig so weit entfernt von anderen Autos wie möglich, um Beulen durch anderer Leute Autotüren zu vermeiden. Wenn Barry fährt, wähle ich normalerweise bequeme Schuhe für den dann gewöhnlich weiteren Weg vom Parkplatz zum Ort des Geschehens. Ich habe keine Ahnung, warum er uns nicht direkt am Eingang abgesetzt hat. Dafür steuerte er aber den seiner Ansicht nach idealen Fleck neben einem großen Baum an. Als ich aus dem Auto stieg, versanken meine fünfzehn Zentimeter hohen Absätze sofort im nassen Grasboden. Barry versuchte mich noch zu stützen, was gründlich misslang – ich stürzte.

Lisa krümmte sich vor Lachen und machte sich in ihren Stöckelschuhen vorsichtig auf den Weg zu mir. Sie wollte mir aufhelfen, aber dabei versanken auch ihre Absätze im Schlamm. Sie verlor das Gleichgewicht und landete neben mir auf den Knien. Anstatt uns zu helfen, zog Barry seine Kamera aus der Tasche und hielt fotografisch fest, wie wir durch das nasse Gras kriechen wie zwei verdeckte Navy SEALs in Abendgarderobe. Von Lisa angesteckt, lachte auch ich inzwischen aus vollem Hals, und das ist nie ratsam für eine Frau, die Kinder geboren und eine volle Blase hat.

Als wir uns endlich wieder aufgerappelt hatten, waren unsere Hände und Knie dreckverschmiert, und ich war in Verlegenheit wegen des feuchten Flecks auf der Kehrseite meines Kleides. „Kann man etwas sehen?", fragte ich Lisa. Daraufhin brach sie so heftig in Gelächter aus, dass ich wusste: Das war es wohl mit dem Kinopremierenabend. Wir stiegen wieder ins Auto und machten uns auf den Heimweg.

Lisa ist eine meiner Zufluchtsort-Schwestern. Sie gehört zu der Sorte von Freundinnen, mit denen ich Erfolge und Peinlichkeiten, Freude und Schmerz teilen kann.

Als ich 1992 aus der Klinik entlassen wurde, war mir in großer Deutlichkeit bewusst, dass ich Gemeinschaft brauchte. Ich brauchte ein paar Freunde, denen ich bedingungslos vertrauen konnte. Freunde, mit denen ich meine finstersten Geheimnisse teilen konnte. Ich wusste auch, dass ich mein Leben am ganzen Wort Gottes ausrichten musste, nicht nur an den ausgewählten Teilen der Bibel, die mir ein gutes Gefühl verschafften. Ich hatte sowohl im theologischen Seminar als auch im privaten Studium schon so viel Zeit darauf verwendet, tief in Gottes Wort einzutauchen, aber ich hatte nicht immer verstanden, wie ich dieses lebendige Wort auf mein Leben anwenden kann.

Im Rückblick erkenne ich, was ich falsch gemacht habe, und ich denke, andere Frauen stehen in Gefahr, denselben Fehler zu begehen: Wir können die Bibel lesen und jeden Bibelstudienkurs belegen, den unsere Kirchen anbieten, aber wenn es an der persönlichen Umsetzung hapert, wenn wir die erkannten Wahrheiten nicht anwenden, dann werden wir uns nur tiefer in unseren Kämpfen verheddern.

Wir können Bibelverse auswendig lernen, die uns ermutigen, alle unsere Sorgen auf Jesus zu werfen, aber wenn wir nicht innehalten und tatsächlich unsere akuten Sorgen auf Jesus werfen, dann ist die Botschaft nicht vom Kopf ins Herz gelangt. Egal, ob es Sorgen um die Kinder sind oder die bange Frage, ob wohl das Geld für die Bezahlung der nächsten Rechnungen reicht, oder die Furcht vor einer medizinischen Diagnose oder eine Million anderer denkbarer Beschwernisse: Das Wort Gottes ist lebendig und kann Frieden in jede unserer Sorgen hineinsprechen, wenn wir uns ihm aussetzen, hören und empfangen. Diese Wahrheiten sind nicht nur für uns selbst da, sondern auch füreinander.

Als ich begann, die Bibel gezielt im Hinblick auf mein persönliches Bedürfnis nach einer Gemeinschaft von Zuflucht gewährenden Schwestern zu durchforsten, stieß ich auf eine überwältigende Fülle von Weisheit.

So ermutigt und tröstet einander, wie ihr es ja auch bisher getan habt (1. Thessalonicher 5,11; HfA).

Zwei haben es besser als einer allein, denn zusammen können sie mehr erreichen. Stürzt einer von ihnen, dann hilft der andere ihm wieder auf die Beine. Doch wie schlecht steht es um den, der alleine ist, wenn er hinfällt! Niemand ist da, der ihm wieder aufhilft! Wenn zwei in der Kälte zusammenliegen, wärmt einer den anderen, doch wie soll einer allein warm werden? Einer kann leicht überwältigt werden, doch zwei sind dem Angriff gewachsen. Man sagt ja auch: „Ein Seil aus drei Schnüren reißt nicht so schnell!" (Prediger 4,9-12).

Lasst uns aufeinander achten und uns zur Liebe und zu guten Taten anspornen! Lasst uns nicht unseren Zusammenkünften fernbleiben, wie es einigen zur Gewohnheit geworden ist, sondern ermuntert einander; und das umso mehr, als ihr seht, dass der Tag naht! (Hebräer 10,24f; EÜ).

Lasst die Botschaft von Christus ihren ganzen Reichtum bei euch entfalten. Unterweist und ermahnt euch gegenseitig mit aller Weisheit und dankt Gott von ganzem Herzen mit Psalmen, Lobgesängen und Liedern, die euch Gottes Geist schenkt (Kolosser 3,16; HfA).

In seinem ersten Brief an die Korinther schlüsselt der Apostel Paulus die verschiedenen Gaben auf, die jeder von uns zum Leib Christi beiträgt. Und er erklärt, warum wir aufeinander angewiesen sind, obwohl doch jeder Teil des Leibes unterschiedlich ist (1. Korinther 12). Die Bibel macht uns deutlich, dass ein Leben in Gemeinschaft der gesündeste Weg durch dieses Leben ist.

Ich begann zu beten. Konkret bat ich Gott, mich mit

Schwestern zusammenzubringen, auf die ich mich einlassen konnte. Ich wusste, dass ich im Lauf der Zeit auch einen größeren Kreis von Freunden brauchen würde, so wie Jesus es mit seinen zwölf Jüngern modellhaft gezeigt hat, aber besonders mit Petrus, Jakobus und Johannes. Wie Jesus wollte ich einige wenige Gefährtinnen finden, denen ich meine persönlichsten Geheimnisse anvertrauen konnte. Ich suchte nach Schwestern, in deren Gegenwart ich das Schweigen brechen konnte, das mich so lange gefangen gehalten hatte.

Gleich die Erste war eine große Überraschung. In gewisser Weise könnten wir unterschiedlicher nicht sein. Wir hatten uns Jahre vorher kennengelernt, und schon damals war es kristallklar, dass wir völlig verschieden waren. Das war überhaupt die entscheidende Erkenntnis dieser Begegnung. Meine Plattenfirma rätselte damals, wie sie mich in der amerikanischen christlichen Öffentlichkeit einführen sollte. Offensichtlich sah ich nicht sehr christlich aus. Ich hatte kurze schwarze, zu Stacheln gegelte, manchmal violett gefärbte Haare, trug auf der Bühne Lederklamotten und setzte Nebel und Laserlicht ein.

Ich erinnere mich, dass ich ihr Dilemma nicht verstehen konnte. Ich fragte, was am Inhalt meines Schminkköfferchens wichtiger war als am Inhalt meines Herzens. Der Marketingdirektor sagte, ich würde es verstehen, wenn ich mich in Gesellschaft anderer christlicher Künstler sehen könnte. Dann würde ich begreifen, dass ich wie ein Papagei auf einer Hamsterversammlung wirkte. Ich verstand es immer noch nicht, für mich klang das eher wie ein Kompliment.

Die Plattenfirma schlug eine Lösung vor. Immer im Sommer trafen sich die Künstler der christlichen Musikszene zu einer Retraite in Estes Park in Colorado. Jeden Abend stellten die unterschiedlichen Labels ihre Künstler vor. Als einzig gangbaren Weg, das gefiederte Wunder, das ich damals war, in diese Gesellschaft einzuführen, hatten die Verantwortlichen überlegt, dass sie die mir unähnlichste Vertreterin bitten wollten, diese Aufgabe zu übernehmen. So fragten sie Sandi Patty, und es ist ihr hoch anzurechnen, dass sie Ja gesagt hat.

Ich mochte sie sofort. In ihrem konservativen Kleid ließ sie mich noch radikaler aussehen, aber ich hätte mir keine warmherzigere und liebevollere Vorstellung wünschen können. In den folgenden Jahren rasselten wir gelegentlich zusammen, versöhnten uns wieder, und viel mehr war über unsere Beziehung eigentlich nicht zu sagen bis zu einer gemeinsamen Weihnachtstournee. Eines Abends, als alle anderen Mädels die Künstlergarderobe bereits verlassen hatten, fragte Sandi, ob sie mit mir reden könne. Und dann schüttete sie mir ihr Herz aus, sprach von ihrer Zerbrochenheit, von ihrem damals akuten Kummer, den sie vor so vielen verborgen hatte – und über den ich bis ans Ende meiner Tage kein Wort verlieren werde. Bestimmt wissen Sie, was tiefer Schmerz ist. Sandi und ich wissen es auch. Wir weinten und beteten zusammen. Wir umarmten uns.

Diese Frau, die ich stets als perfekt und unnahbar wahrgenommen hatte, hatte eine unerträgliche Last zu schleppen, und sie fragte mich, ob ich ihr dabei helfen könnte. Ich erinnerte sie leise daran, dass Gottes Liebe zu ihr niemals etwas zu tun hatte mit ihrem Status als „Sandi Patty, eine der erfolgreichsten christlichen Künstlerinnen unserer Tage" oder irgendetwas anderem. Sondern dass Gottes Liebe auf der unumstößlichen Tatsache beruhte, dass sie seine Tochter war. Sie hat diese Wahrheit über die Jahre selbst Tausenden und Abertausenden Menschen zugesungen, aber an jenem Abend brauchte sie jemanden, der es ihr selbst zusang.

Die Versuchung ist groß, stets auf die Menschen in unserer Umgebung zu blicken und Vermutungen über ihr Leben anzustellen. Sie sehen gut aus. Sie scheinen alles im Griff zu haben. Aber manchmal benötigen die am blendendsten aussehenden Menschen am dringendsten die Hilfe eines anderen, der hinter die beeindruckende Fassade blickt, die sie der Welt zeigen. Das trifft natürlich auch auf mich selbst zu.

Als Sandi sich mir an jenem Abend anvertraute, hatte ich keine Ahnung, wie sehr ich ihre Hilfe einige Monate später benötigen würde. Drei Wochen nach meiner Entlassung aus dem Krankenhaus sollte ich als Künstlerin auf einer Kreuzfahrt in der Karibik auftreten. Die Zusage hatte ich im Jahr zuvor gemacht, und ich kam nicht aus dem Vertrag heraus. Ich war noch nicht stabil und immer noch sehr verwundbar. Schon der Gedanke an die Gesellschaft von fünfhundert fröhlichen christlichen Schiffspassagieren war mir zu viel. So stand ich in Fort Lauderdale am Kai in der Warteschlange, bereit, das Schiff zu besteigen. Alle waren in lässige Sommerkleider und Riemchensandalen gekleidet. Wenn ich dagegen an mir herunterblickte, sah ich die Mokassins, die ich in der Handarbeitsgruppe in der Klinik genäht hatte.

Welche von all den Damen ist nicht so wie die anderen?

In dem Moment hat mich Sandi in der Schlange entdeckt. Sie war eine der anderen Künstler, die mit an Bord sein würden. Sie kam zu mir und zog mich aus der Schlange. Sie sagte mir, ihr Manager hätte sich auch schon um meinen Check-in gekümmert, und so gingen wir direkt die Gangway hoch auf das Schiff und steuerten Sandis Kabine an, wo ich erst mal mein Gepäck absetzte.

„Okay", sagte sie, „du wärst am liebsten überhaupt nicht hier, das habe ich verstanden. Aber hier sind wir nun mal. Meine Kabine ist unser Zufluchtsort hier auf dem Schiff. Wenn du weglaufen willst, komm hierher. Wenn dir zum Heulen ist, dann weine hier."

Wir nutzten diesen Zufluchtsort viele Male bei dieser Reise. An manchen Tagen musste mir jemand zusprechen, dass mein Wert nicht von den Lügen über mich selbst abhängt, die ich lange geglaubt hatte. An anderen Tagen benötigte sie dieselbe Erinnerung. Ihre Kabine wurde zu einem heiligen

Ort, an dem Schwestern gemeinsam vor dem Thron der Gnade knieten.

Ich lernte meine andere Schwester, meine Bring-mich-nicht-zum-Lachen-sonst-mache-ich-mich-nass-Schwester, in Nashville kennen bei einem Bibelstudientag. Lisa Harpers Gruppe war die bestbesuchte. Sie verteilte Schokolade und Starbucks-Gutscheine und war eine wunderbare Lehrerin. Ich mochte sie augenblicklich und genoss ihre Gesellschaft, obwohl wir nicht sehr viel miteinander zu tun hatten.

Nachdem Barry und ich nach Dallas gezogen waren, habe ich Lisa einige Jahre nur noch selten gesehen, bis wir uns bei einer nationalen Veranstaltungsreihe der *Women of Faith* auf der Bühne abwechselten mit Vorträgen und Bibelarbeiten. Manchmal empfand ich die brechend vollen Veranstaltungshallen als einsame Orte; inmitten einer großen Menge von Menschen konnte ich mich sehr verloren fühlen. Und auf einer Tour kam es mir so vor, als stünde hinter meiner Einsamkeit mehr als nur die Scham, die ich seit meiner Kindheit empfunden hatte.

Ich wusste nicht, wie man Freunde gewinnt. Ich wusste nicht, wie man um Hilfe bittet. Ich war sehr gut darin, für andere da zu sein, aber insgeheim war ich davon überzeugt, dass, wenn ich jemandem meine Freundschaft anbieten würde, der- oder diejenige nur aus Pflichtgefühl und nicht aus freien Stücken einwilligen würde. Von solcher Art waren die Lügen, die ich glaubte.

Nun aber hatte ich mich auf den Weg der Heilung begeben, und dazu gehörte die Selbstverpflichtung, dass ich nicht länger auf die Lügen hören wollte, denen ich so lange erlegen war. Und so entschloss ich mich zu einem Schritt aus der Deckung heraus. Eines Abends war unser Team wieder einmal zur Gebetszeit vor Beginn der Veranstaltung im Aufenthaltsraum versammelt, da traute ich mich laut zu beten:

Vater, ich habe den Eindruck, dass ich nicht hierher gehöre. Ich bin umgeben von so vielen talentierten Frauen, die dich lieben. Jedes Mal, wenn ich auf die Bühne gehe, frage ich mich, ob sie wohl auch der Meinung sind, dass ich nicht dazugehöre. Ich möchte so nicht leben. Ich möchte nicht, dass meine Furcht und Unsicherheit größer ist als dein Erbarmen und deine Gnade. Vergib mir.

Ich hätte mir nicht vorstellen können, dass meine unausgegorenen gestammelten Worte eine ganze Flut von schmerzlichen Bekenntnissen anderer auslösen würde. Nahezu jede der Frauen im Raum offenbarte, dass sie ganz ähnlich empfand. Wir hatten einander als Künstler und als verantwortliche Leute wahrgenommen, die es draufhaben, als selbstbewusste Frauen ohne Selbstzweifel. An diesem Abend erlebten wir uns als gebrochenes Brot und vergossener Wein in der Hand Jesu Christi für ein Publikum von Frauen, die genau wie wir empfanden. Wir bekannten gemeinsam unsere Sünden, bekannten einander unser kollektives Empfinden von Unsicherheit, und auf gewisse Weise setzte Heilung ein.

Aus dieser größeren Gruppe von Schwestern war Lisa die Erste, der ich mein größtes Geheimnis offenbarte. Meine Freunde wussten alle, dass ich in der Klinik gewesen war und immer noch Medikamente nahm, aber nur Lisa erzählte ich von meinem fortgesetzten Kampf mit Suizidgedanken. Sie hörte mir zu und umarmte mich, als ich über die Dunkelheit dieser Gedanken weinte. Sie hat nicht gezögert, mich in diesem Moment zu lieben. Sie hat mich angenommen, wie ich war, und liebte mich, wo ich war, und sie erinnerte mich wieder und wieder an die Kraft des Wortes Gottes.

Auch diese vertraute schwesterliche Beziehung ist immer wechselseitig. Wenn Lisa es nötig hatte, half ich ihr ebenfalls, ihre innere Last zu tragen, so etwa, als ihre Bemühungen um ein Adoptivkind sich in eine traumatische Erfahrung verwandelten. Zweimal erlebte sie ein Wechselbad der Gefühle: eben noch die Hoffnung, ein Kind in den Armen zu halten – und nur Tage später platzte der Traum. Mit einer jungen Mutter durchlebte sie intensiv die komplette Schwangerschaft, nur um am Ende zu erfahren, dass das Kind einer anderen Familie anvertraut werden würde. Ich dachte, ihr Herz würde nie wieder frei werden von der Trauer.

Als ob der Brunnen des Schmerzes nicht schon tief genug wäre, trafen die Worte einer Frau Lisa bis ins Mark, Worte, die in ihren Ohren wie die Ratschläge von Hiobs Freunden geklungen haben müssen. Von wegen es sei „Gottes Wille" gewesen, dass die Adoption scheiterte. Und die Frau schlug weiter in diese Kerbe: Lisa sei als alleinstehende Frau mit einer unglücklichen Kindheit vermutlich zu gebrochen, um ein Kind alleine aufziehen zu können. Sie schlug vor, Lisa solle stattdessen ins Tierheim gehen und sich einen Hund zulegen.

Solche Worte taten weh. Schlimmer noch, eine Zeit lang glaubte Lisa diesen Lügen. Sie ging sogar tatsächlich ins Hundeasyl und adoptierte Cookie, einen großen Mischlingshund mit sanften Augen.

Lisa hätte den Rest ihres Lebens in dem Irrglauben verbringen können, dass sie zu kaputt sei, um eine gute Mutter sein zu können. Aber diejenigen von uns, die sie lieben, haben nicht zugelassen, dass diese Lügen sich festsetzen. Wieder und wieder sind wir dagegen angegangen. Ich habe Lisa ein Wort aus der Bibel zugesprochen: „Ich werde sie zurückbringen und ihr die Weinberge wiedergeben, und das Achortal, das Unglückstal, soll zu einem Tor der Hoffnung werden" (Hosea 2,16; GN).

Ich wusste, dass *achor* im Hebräischen für „Verzweiflung" steht, und so war mein beständiges Gebet für Lisa einfach: *Herr Jesus, möge Lisas Tal der Verzweiflung wirklich zu einem Tor der Hoffnung werden!*

Ich war mit Lisa zusammen an dem Tag, an dem sie den Anruf erhielt, der ihr Leben verändern sollte. Wir waren in einer Besprechung, als ihr Telefon klingelte. Sie ging aus dem Zimmer, um den Anruf entgegenzunehmen, und so ahnte ich, dass es etwas Wichtiges sein müsse. Aber als sie auch nach einer Weile noch nicht zurück in die Runde kam, ging ich sie suchen. Ich fand sie gegen eine Wand gelehnt, Tränen liefen ihr über die Wangen. Sie hielt immer noch das Telefon ans Ohr gepresst und lauschte wem auch immer. Ich konnte nur eines tun: Meine Arme um sie legen und still das eine Wort beten: *Jesus. Jesus. Jesus.*

Als Lisa das Gespräch schließlich beendet hatte, konnte sie kaum reden. Ein kleines Mädchen in Haiti hatte gerade seine Mutter durch AIDS verloren. Es gab keine Verwandten, die sich um das Mädchen hätten kümmern können. Und wenn sonst niemand sich melden würde, um für sie zu sorgen, würde sie vermutlich nicht überleben, denn sie war in schlechter gesundheitlicher Verfassung.

„Sie haben mir nahegelegt, ich solle mir darüber im Gebet klar werden", sagte sie unter Tränen. „Ich habe dreißig Jahre lang darüber gebetet, Sheila. Ich habe Ja gesagt."

Eine halbe Stunde später bekam Lisa das Foto eines ängstlich schauenden, zum Erbarmen dünnen kleinen Mädchens aufs Mobiltelefon geschickt. Wir schluchzten beide.

„Das ist mein Baby!", sagte sie.

An dem Tag, an dem Lisa die kleine Missy schließlich von Haiti nach Hause holte, flog ich zu ihr nach Nashville. Ich hatte Lisa so lange durch ihre dunkelsten Stunden begleitet, nun wollte ich auch eine der Ersten sein, die sie und Missy erblickten, wenn sie aus dem Flugzeug stiegen. Ich wollte sie erinnern an die unzähligen Gebete, die wir vor Gott gebracht hatten und die nun mit diesem reichen Segen beantwortet wurden. Ich wollte dieses liebenswerte kleine Wesen in unserer schwesterlichen Gemeinschaft willkommen heißen und teilhaben an der Freude des Nach-Hause-Kommens. Außerdem wollte ich Lisa umarmen und ihre Tapferkeit feiern – sie hatte sich ihren Schwestern geöffnet, die ihr geholfen hatten, den Lügen abzusagen, die sie geglaubt hatte, und sie hatte sich für die Wahrheit entschieden.

Als ich die Ankunftszeiten studierte, sah ich, dass mir noch eine halbe Stunde Zeit blieb bis zur Landung ihres Flugzeugs. Ganz in der Nähe des Flughafens gab es ein Spielzeuggeschäft, dort schaute ich mich nach etwas um, was das kleine Mädchen mögen würde. Ich fand eine pinkfarbene Handtasche mit den Umrissen eines Pudels. Außerdem erwarb ich zwei kleine Armbänder und steckte sie in die Tasche. Mein Herz raste, als ich das Flugzeug zum Gate rollen sah.

„Nicht weinen, nicht weinen", schärfte ich mir ein. „Du wirst dem Kind ja Angst machen."

Aber als ich dann Lisas Gesicht und das kleine Mädchen mit bunten Perlen im Haar auf ihrem Arm sah, da war es um mich geschehen. Ich schloss die beiden fest in die Arme und schnaufte: „Willkommen zu Hause, Kleines, willkommen zu Hause." Lisa und ich sahen einander an. Sie hatte ihre Tochter nach Hause gebracht.

Wenn wir den Lügen über uns selbst Glauben schenken, dann verfallenen wir leicht in Verzweiflung. Wir haben einen Feind, der nicht nur ein Lügner ist, sondern auch der Ankläger von Gottes Kindern. Er ist nicht allwissend wie Gott, unser himmlischer Vater. Er weiß nicht, was wir denken, aber er hat oft genug beobachtet, wie wir scheitern, und kennt unsere verwundbarsten Stellen. Freilich sind seine Tage gezählt. Aus der Bibel wissen wir: „Nun hat Gott den Sieg errungen, er hat seine Stärke gezeigt und seine Herrschaft aufgerichtet! Alle Macht liegt jetzt in den Händen dessen, den er als König auserwählt und eingesetzt hat: Jesus Christus! Denn der Ankläger ist gestürzt, der unsere Brüder und Schwestern Tag und Nacht vor Gott beschuldigte" (Offenbarung 12,10; HfA).

Bis zu jenem Tag gilt es, dass wir einander gegenseitig die Wahrheit bewusst machen. Deshalb ist das Bekennen und Sich-öffnen auch nicht beschränkt auf unsere persönliche Zeit mit Jesus. Deshalb gewähren wir Menschen Zugang zu den verborgenen Plätzen in uns, deshalb offenbaren wir unseren Schwestern und Vertrauten die Scham und die Lügen, die wir allzu lang und gern geglaubt haben.

Gemeinschaft ist der Ort, an dem wir uns einander öffnen, füreinander beten und einander erinnern können an die Wahrheiten, die Christus uns in seinem lebendigen Wort zugesprochen hat. Wahrheiten, die uns durch persönliche Meditation, durch das „Kauen" von Gottes Wort aufgegangen sind. Wir werden heil, indem wir einander wechselseitig dieser Wahrheiten vergewissern. Wir erinnern einander daran, dass Gott uns so liebt, wie wir sind, und dass Scham und Lügen uns nur dann quälen können, wenn wir sie verstecken und wenn wir uns zurückziehen an die verborgenen Plätze in uns. Scham und Lügen überleben das Licht der Offenheit nicht.

Aber warum ist es so wichtig, dass wir einander unsere Sünden bekennen? Es ist doch Gott, der hört und vergibt? Im Jakobusbrief lesen wir: „Bekennt einander eure Sünden und betet füreinander, damit ihr geheilt werdet" (Jakobus 5,16; HfA).

Das Wort, das Jakobus hier für *bekennen* benutzt, bedeutet „laut aussprechen; zustimmen". Das Bekenntnis vor Schwestern im Glauben beraubt den Feind, der uns gern isolieren und im Dunkel halten will, seiner Macht. Indem wir einander unsere Sünden bekennen, werden wir uns der Sünde auch wirklich bewusst. Ich kann die Sünde verkleinern, wenn ich sie für mich behalte, aber indem ich sie vor anderen ausspreche, werde ich mir bewusst, was meine Sünde Jesus Christus gekostet hat.

Ich finde hilfreich, was Dietrich Bonhoeffer über das gegenseitige Bekennen geschrieben hat: „Wer vor dem Bruder [oder vor der Schwester] seine Sünden bekennt, der weiß, dass er hier nicht mehr bei sich selbst ist, der erfährt in der Wirklichkeit des andern die Gegenwart Gottes. Solange ich im Bekenntnis meiner Sünden bei mir selbst bin, bleibt alles im Dunkeln, dem Bruder [oder der Schwester] gegenüber muss die Sünde ans Tageslicht." [12]

Es ist befreiend, wenn man sich bei einer vertrauten Schwester ausspricht, die einen liebt und für einen betet und daran erinnert, was für ein Leben man sich entschieden hat zu führen. Aber ich rate Ihnen dringend, weise vorzugehen. Überlegen Sie genau, wem Sie Ihre Geschichte anvertrauen und wem Sie Ihre Sünden bekennen. Jesus hat nicht umsonst gesagt: „Werft eure Perlen nicht vor die Säue, damit diese sie nicht mit ihren Füßen zertreten und sich nicht umwenden und euch zerreißen" (Matthäus 7,6; S). Anders ausgedrückt, Sie sollten nicht das, was Ihnen kostbar und heilig ist, Menschen anvertrauen, die es möglicherweise gegen Sie verwenden werden. Deshalb empfehle ich Ihnen dringend: Bitten Sie den Heiligen Geist um Weisung. Er kann Sie auf die richtigen Frauen aufmerksam machen. Wenn Sie Ihre vertrauenswürdigen Schwestern gefunden haben, haben Sie damit einen Platz gefunden, an dem Sie einüben können, Sie selbst zu sein, und an dem Sie sich als Gerettete erleben können. Auch in einer solchen Gemeinschaft ist es nicht immer einfach, aber sie ist es auf jeden Fall wert, dass man sich um sie bemüht.

Leben Sie bereits in Gemeinschaft solcher Zufluchtsort-Schwestern? Wenn Sie solche Schwestern haben, die Sie kennen und die Sie lieben, die Ihnen Wahrheit und Hoffnung zusprechen, wenn Sie in der schlimmstmöglichen Verfassung sind: Halleluja! Sie können sich glücklich schätzen, dass Sie diesen Segen kennen. Falls nicht, dann bete ich darum, dass Sie es erleben. Und ich möchte Sie bitten, es zu Ihrem persönlichen Gebet zu machen: „Herr, führe mich in eine Gemeinschaft von Schwestern, die einander Zuflucht gewähren." Und dann heißt es warten und auf Gottes Stimme achten. Er wird solche Schwestern zu Ihnen führen. Und wenn er Ihnen Frauen zeigt, fragen Sie sich, ob diese Frauen Ihr Leben behutsam und mitfühlend begleiten werden, ob sie beharrlich Fragen stellen werden, bis Sie bereit sind, sich ihnen zu öffnen, und ob sie Sie unter allen Umständen lieben werden. Wenn ja, dann haben Sie Ihre heilsame Gemeinschaft gefunden. Stoßen Sie dazu.

Hoffnungs-Zeichen

Etwas Machtvolles passiert, wenn wir einander unsere Sünden bekennen. Jakobus 5,16 verknüpft das Bekenntnis mit Heilung und Wiederherstellung. Das trifft auf jeden Fall zu auf König David. Als David durch den Propheten Nathan mit seiner Sünde konfrontiert wurde, führte das nicht nur zur Buße, sondern auch zur Heilung. Folgendermaßen hat David über nicht eingestandene Sünden gesprochen: „Erst wollte ich meine Schuld verheimlichen. Doch davon wurde ich so schwach und elend, dass ich nur noch stöhnen konnte" (Psalm 32,3; HfA). Anschließend schildert er, wie Friede und Freude in ein reines Herz zurückkehrt.

Legen Sie Ihr wahres Ich vor Gott im Gebet offen? Haben Sie eine Vertraute, eine Schwester, mit der Sie Ihre persönlichsten Geheimnisse teilen?

Gott hat versprochen, gegenwärtig zu sein, und er belohnt Ihren Mut mit seiner Treue.

9. Aufrappeln, Krone richten

Habt ihr denn nicht gehört?
Habt ihr nicht begriffen?
Der Herr ist Gott von Ewigkeit zu Ewigkeit,
seine Macht reicht über die ganze Erde;
er hat sie geschaffen!
Er wird nicht müde,
seine Kraft lässt nicht nach;
seine Weisheit ist tief und unerschöpflich.
Er gibt den Müden Kraft,
und die Schwachen macht er stark.
Selbst junge Leute werden kraftlos,
die Stärksten erlahmen.
Aber alle, die auf den Herrn vertrauen,
bekommen immer wieder neue Kraft,
es wachsen ihnen Flügel wie dem Adler.
Sie gehen und werden nicht müde,
sie laufen und brechen nicht zusammen.

Jesaja 40,28-31 (GN)

Ein besonderer Geburtstag stand zwei Wochen nach Mums Beerdigung für mich im Kalender. Ein runder Geburtstag. Barry und Christian taten alles Erdenkliche, um den Tag zu etwas Besonderem zu machen. Christian schenkte mir ein Andenken, das er selbst gemalt hatte. Mein schottischer Familien-Tartan, das typische Grundmuster des Clans, ist der von McNicol, und Christian hat den Hintergrund in den beherrschenden Farben gemalt – Grün und Blau, mit Rot und Gelb als Zierfarbe. Davor hat er den Schriftzug „World's Best Mum" gestellt. Barry schenkte mir eine umwerfende Lederjacke in Pink, mit der ich schon seit Monaten geliebäugelt hatte.

Wären diese beiden Geschenke alles gewesen, es hätte schon genügt. Aber Barry hatte noch ein weiteres Päckchen für mich. Ich öffnete es und fand darin ein in braunes Leder eingeschlagenes Album mit der in Gold geprägten Aufschrift „You are loved" – du bist geliebt. Barry musste lange daran gearbeitet haben.

Auf der ersten Seite fand sich eine Karte, auf die er geschrieben hatte: „Was Liebe ist, weiß ich nur wegen dir." Die zweite Seite enthielt einen Brief von Christian. Das meiste davon habe ich sicher in meinem Herzen verwahrt, nur die eine Zeile will ich preisgeben: „Du verstehst, was die Gemeinschaft der Christen sein soll: ein Hospital für die Gebrochenen, nicht ein Museum für die Vollkommenen." Was für ein schöner Gedanke. Ich blätterte um, und wieder, und wieder. Seite für Seite enthielt das Album wunderbare Briefe von Freunden aus der ganzen Welt – ein unschätzbares Geschenk.

Es war so ein angenehmer Tag, und ich habe alles versucht, um die Trauer zu bekämpfen, aber es war mein erster Geburtstag ohne Mum, und ich vermisste ihre Stimme am Telefon. Jedes Jahr, wenn sie angerufen hatte, um zu gratulieren, hatte ich sie gebeten, „Happy Birthday" für mich zu singen. Sie hatte nicht die beste Singstimme, aber ich mochte sehr, wie sie die Worte betonte, und es tat weh zu wissen, dass ich das nun nicht mehr hören würde.

Ich fühlte mich alt, nun da meine Mum nicht mehr da war. Eine Woche vor ihrem Tod war eine Karte meines Bruders aus England eingetroffen mit der Botschaft: „Sheila, du bist sechzig – nimm's leicht!" Mein Magen rebellierte, als ich das las, und meine spontane Reaktion war: „Nein, bin ich nicht!" Ich hatte das laut gesagt, an niemanden speziell gerichtet. Dann drehte ich die Karte mit dem Gesicht nach unten auf die Küchentheke und rannte nach oben. Zwei Minuten später kam ich wieder runter, schnappte die Karte und legte sie in die Schublade meines Schreibtisches. Wieder ertappte ich mich, wie ich empört mit der Luft redete: „Ich bin keine sechzig! Mum ist sechzig!" Als der erste Schock vorüber war, machte ich mir klar, dass Mum tatsächlich schon fast achtundachtzig war.

Wenn ich überlege, wie Mum mit sechzig war, dann kommt sie mir älter vor, als ich heute bin. Das mag zum Teil daran liegen, dass sie stets mit schottisch-sparsamer Haartracht herumlief. Als Teenager musste ich jeden Freitag Mums Haar über dem Spülbecken in der Küche waschen, anschließend auf Lockenwickler drehen. Dann bekam Mum eine aufblasbare Trockenhaube auf den Kopf. Anschließend kämmen und mit Haarspray zementieren – das musste dann für eine Woche reichen.

Was Mums Garderobe betrifft, habe ich sie mit sechzig nie in engen Jeans gesehen. Tatsächlich trug sie überhaupt keine Jeans. Meine Mum und meine Großmutter legten auf „ihrem Alter entsprechende Kleidung" fast so großen Wert wie auf die Bibel. Wenn meine Großmutter eine Frau sah, die sich jünger gab, als sie war, dann pflegte sie zu sagen: „Ein Mutterschaf, angezogen wie ein Lamm." Ich blickte noch mal auf die Karte meines Bruders und notierte im Hinterkopf, dass ich meine Garderobe doch einmal inspizieren sollte.

Die Karte meines Bruders war ja schon Wochen vor meinem Geburtstag eingetroffen, und sie hatte mich daran erinnert, dass ich die Geburtstagsgeschenke für Mum zur Post bringen musste, sodass sie rechtzeitig in Schottland eintreffen würden. Ich hatte einen Pullover für sie erstanden mit aufgestickten Roten Kardinalvögeln auf der Vorderseite. Eine Freundin hatte mir mal erzählt, dass Rote Kardinäle dort auftauchen, wo sie die Gegenwart von Engeln spüren, und es war so passend, dass der Rote Kardinal Mums Lieblingsvogel war. Mir kam es auch so vor, als wäre sie selbst im Alter ein freundlicher Engel geworden.

Ich hatte außerdem ein aktuelles Foto von Christian gerahmt, sodass Mum, wenn sie an ihn dachte, ihn nicht als kleinen Jungen vor sich hätte. Sie sollte vor Augen haben, zu was für einem ansehnlichen jungen Mann er inzwischen herangewachsen war. Ich hatte die Geschenke in silbernes und rosafarbenes Papier eingeschlagen, eine Karte dazu geschrieben und alles auf dem Stuhl im Eingangsbereich platziert, um es am nächsten Tag auf die Post zu bringen. Aber genau an diesem nächsten Morgen hatte meine Schwester angerufen, um mir zu sagen, dass Mum gestorben war.

Ein Tag nach dem anderen verging, und ich registrierte Warnzeichen, die mir sagten, dass es mir nicht gut ging. Es war nicht nur die Trauer über Mums Tod. Es ging abwärts mit mir. Ich versank allmählich im Dunkel. Wie sich eine klinische Depression anfühlt, das ist jemandem, der noch nie selbst davon betroffen war, nur schwer zu erklären. Es sind nicht einfach nur ein paar miese Tage am Stück.

Ich habe Freunde durch situationsbedingte Depressionen begleitet. Wenn man den Job verliert oder wenn eine Beziehung zerbricht, das kann einen schon schwer erschüttern und zu finsteren Gedanken veranlassen. Wer in einem finanziellen Engpass steckt oder ernsthaft krank wird, kann das ebenfalls als dunklen Schatten auf der Seele erleben. Aber solche depressive Phasen gehen gewöhnlich auch wieder vorbei.

Eine klinische Depression ist von anderem Kaliber. Es ist eine geistige Irrfahrt, finstere Gedanken kreisen unablässig, angespornt durch das Fehlen bestimmter wichtiger Hormone – in meinem Fall mangelt es an Serotonin.

Im Lauf der Jahre habe ich mancherlei Mittel und Methoden kennengelernt, mit deren Hilfe ich einigermaßen in der Spur bleiben kann, wenn mein Seretoninspiegel mal wieder in die Abwärtsspirale eingebogen ist. Es lässt sich etwas tun: Medikamente, Gebet, Sport, Bibellesen – all das hat mir geholfen, mein alltägliches Leben weiterzuführen. Aber nach Mums Tod schien keines dieser Mittel mehr zu wirken. Ich konnte mich nur schwer konzentrieren. Ich konnte nicht mehr schlafen. Ich begann mich von anderen zurückzuziehen. Und ich wusste zwar, dass ich auf die Gemeinschaft meiner Schwestern angewiesen war; ich brauchte dringend ihre Hilfe, um wieder ins Licht zu kommen. Aber gefühlt wollte ich nur noch allein sein und mich in mir selbst verkriechen in meinem alten Versteck. Ich wollte am liebsten die Augen schließen und die Tür absperren.

Mit sechsunddreißig Jahren hatte ich meinen ersten Zusammenbruch erlitten. Nun war ich sechzig, und es fühlte sich an, als würde ich in eine vergleichbare Krise geraten. Ich war mir nicht mehr sicher, ob all das, was ich im Hinblick auf meine Beziehung zu Gott geglaubt hatte, wirklich stimmte. Ich musste mich vergewissern, ob es wirklich der Schlüssel zur Heilung war, dass ich Christus meine tiefsten Empfindungen bekannte, meine Scham losließ, über seine große Liebe zu mir meditierte und meinen Schwestern Einblick in mein Innerstes gewährte. Oder waren diese Übungen etwa nur Krücken, um schlecht und recht weiterzuhumpeln?

Ich wusste, was der nächste Schritt sein würde. Ironischerweise hatte ich mir bereits Monate zuvor einen Plan überlegt. Aber um ehrlich zu sein: Diesen Plan hatte ich nicht für mich ausgedacht, sondern es war ein Angebot an jemanden, der mich um Hilfe gebeten hatte. Und als ich den Plan ausgearbeitet hatte, wusste ich nicht, dass ich selbst diejenige sein würde, die Hilfe nötig haben würde.

Ich rief das Dokument auf meinem Computer auf – „Sie sind geliebt – und las den Bibelabschnitt am Kopf der Seite.

Weil ihr Gottes reiche Barmherzigkeit erfahren habt, fordere ich euch auf, liebe Brüder und Schwestern, euch mit eurem ganzen Leben Gott zur Verfügung zu stellen. Seid ein lebendiges Opfer, das Gott dargebracht wird und ihm gefällt. Ihm auf diese Weise zu dienen ist der wahre Gottesdienst und die angemessene Antwort auf seine Liebe. Passt euch nicht den Maßstäben dieser Welt an, sondern lasst euch von Gott verändern, damit euer ganzes Denken neu ausgerichtet wird. Nur dann könnt ihr beurteilen, was Gottes Wille ist, was gut und vollkommen ist und was ihm gefällt (Römer 12,1f.; HfA).

Beim Überfliegen der Verse bemerkte ich die kleine Erläuterung, die ich daneben platziert hatte. Im Alten Testament fragten die Priester nicht etwa die Opfertiere, ob sie der Ansicht wären, es sei ein guter Tag zum Sterben. Sie wählten einfach ein Tier aus und schlachteten es. Aber wir sind berufen, ein lebendiges Opfer zu sein, unseren Eigenwillen, unsere Ängste und unsere Verzweiflung aufzugeben und Gott zum Altar zu folgen. Und dort heißt es dann bleiben und Gottes Handeln nicht infrage stellen, ganz gleich, wie heiß oder ungemütlich es wird.

Ich machte mir klar, wie ärgerlich diese Vorstellung für jemanden sein musste, der echte Schmerzen durchmachte; für jemanden, der gerade unter der Last einer klinischen Depression litt; für jemanden wie mich. Und doch konnte ich mir der Kraft dieser biblischen Aussage nicht entziehen. Ich wollte wissen: Was bedeutet es, ein lebendiges und heiliges Opfer zu sein? Je tiefer ich in den Text eintauchte, umso deutlicher erkannte ich, dass meine erste Erläuterung den wahren Sinn des Abschnitts verfehlte.

Ältere Bibelausgaben sprechen hier zumeist nicht vom „zur Verfügung stellen", sondern von „darbringen", – das liest sich dann zum Beispiel so: „Ich ermahne euch also, Brüder und Schwestern, kraft der Barmherzigkeit Gottes, eure Leiber als lebendiges, heiliges und Gott wohlgefälliges Opfer darzubringen – als euren geistigen Gottesdienst" (Römer 12,1f.; EÜ).

Im Altgriechischen bedeutet das Wort, das hier mit *darbringen* übersetzt ist, „ein und für alle Mal schenken".

Es ist ein gewichtiger, einmaliger Vorgang. So, wie sich Mann und Frau bei der Hochzeit einlassen auf den gemeinsamen Weg, aber auch so, wie Jesus sich eingelassen hat auf den Weg ans Kreuz. Es bedeutet, dass man den Blick auf ein Ziel richtet und niemals mehr zurückschaut, auch nicht im Schmerz, auch nicht im Leid, auch nicht bei einer klinischen Depression. Es bedeutet, dass wir uns wieder aufrappeln, wenn wir im Durcheinander des Lebens gestürzt sind, und als lebendige Opfergaben weitergehen im Gehorsam gegenüber Jesus Christus und zu seinem Lob.

Ich wollte es genauer wissen. Was bedeutet es, heilig und ausgesondert zu sein? Ich forschte nach. Im Opfersystem des Alten Testaments gab es Gefäße aus Gold und Silber, die ausschließlich für den Gebrauch im Tempel bestimmt waren – für den Gottesdienst. Es gab auch noch andere Gegenstände aus Silber und Gold, aber diese speziellen Gefäße waren für Gott reserviert. Und das ist unsere Rolle. Wenn wir unser Leben Jesus Christus hingeben, werden wir aus der Welt herausgenommen. Wir gehören dann nicht mehr uns selbst, und wir gehören auch nicht mehr unserer Scham und unseren hässlichen Geheimnissen. Stattdessen sind wir ausgesondert, abgestellt, um Gott die Ehre zu geben. Und in dieser Hingabe führen wir unser Leben an jedem Tag – auch an jedem noch so dunklen Tag – als einen Akt der Anbetung.

Ich musste daran denken, wie sich Jesus im Garten Gethsemane voll und ganz dem Erbarmen Gottes, seines Vaters, unterworfen hat: „Mein Vater, wenn es möglich ist, dann lass den Kelch an mir vorübergehen und erspare mir dieses Leiden! Aber nicht was ich will, sondern was du willst, soll geschehen" (Matthäus 26,39; HfA). Das hat er sich in den Tiefen seiner Seele abgerungen. Und diese Aussage enthält eine schlichte Wahrheit: Auch wenn Gott alle Dinge möglich sind, entsprechen längst nicht alle möglichen Dinge Gottes Willen. Jesus wusste das, und er hat sich Gott als das ultimative Opfer angeboten. Er hat die Dunkelheit durchstoßen und sich Gottes Willen ergeben. Das gab mir viel zu denken.

Konnte Gott meine Depression wegnehmen? Absolut. Aber selbst wenn er das nicht tat, war ich dennoch berufen, mich ihm als Opfer darzubringen. Ich bin berufen, Gott auch in der Depression zu dienen. Ich bin berufen, dem Weg Jesu zu folgen, meine eigenen Bemühungen zur Unterdrückung des Schmerzes zu opfern und mich stattdessen im Bekennen, in der Meditation und in der Gemeinschaft zu üben.

Dasselbe trifft vermutlich auf Sie zu. Hätte Gott es machen können, dass Ihr Ehemann bei Ihnen bleibt? Ja. Werden Sie Gott auch dann die Ehre geben, wenn Ihr Mann nicht zu Ihnen zurückkehrt?

Hätte Gott Ihre Familie vor der Insolvenz bewahren können? Aber ja. Werden Sie ihn weiter anbeten, auch wenn Sie vieles loslassen müssen, von dem sie glaubten, dass sie nie darauf verzichten können?

Hätte Gott Ihnen ein Kind schenken können? Ja. Werden Sie ihm weiter vertrauen, auch wenn diese Tür verschlossen bleibt?

Hätte Gott Sie größer, dünner, schlagfertiger machen können? Ja. Aber werden Sie ihn trotzdem anbeten, so, wie Sie sich jetzt erleben?

Wenn wir uns darauf einlassen, gewinnen wir Kraft für dieses schöne, anstrengende Leben. Es wird niemals perfekt sein, aber es kann dennoch schön sein.

Als ich so über Römer 12,1 nachdachte, kamen mir viele Frauen in den Sinn, die mir Einblick in ihr Leben gewährt haben. Sie haben sich bisweilen gefragt: „Gott, wo bist du?" Das war auch meine Frage an diesem Tag, als ich meinen Laptop zuklappte und auf dem Teppich hinkniete. Ich rief mir meinen favorisierten Geduldsproben-Bibelvers in Erinnerung und ließ ihn durch meinen Kopf wandern: „Die, die auf den Herrn warten, gewinnen neue Kraft" (Jesaja 40,31; NL). Und mit neuer Zuversicht signalisierte ich ihm: *Hier bin ich. Hier bin ich.* Ich wartete – und vernahm anfangs nichts. Stattdessen kam mir der große Prediger Charles Haddon Spurgeon in den Sinn.

Spurgeon galt als der Prinz der Prediger. Schon als Endzwanziger stand er einer der größten protestantischen Gemeinden seiner Zeit vor, dabei hatte er die meiste Zeit seines Lebens unter akuten Depressionsschüben zu leiden. Ich bin so froh, dass er offen davon gesprochen und geschrieben hat. Wenn eine Krankheit der Psyche schon heutzutage nichts ist, wozu man sich fröhlich und freimütig bekennt, können Sie sich vorstellen, wie schwierig es Mitte des 19. Jahrhunderts gewesen sein muss, darüber zu reden? Die folgenden Zeilen sind ein Auszug aus einer meiner liebsten Predigten von Spurgeon mit dem Titel „Lieder in der Nacht".

Wenn wir die Noten bei Tageshelle lesen können, fällt's uns leicht zu singen; aber der ist ein geschickter Sänger, der auch dann singt, wenn kein einziger Lichtstrahl das Dunkel der Nacht erhellt – der aus dem Herzen singt, und nicht aus einem Buch, das er sehen könnte, denn er hat nichts anderes zu lesen als jenes innere Buch seines lebendigen Geistes, in dem sich Noten der Dankbarkeit zu Lobgesängen formen.[13]

Spurgeon liebte offensichtlich die Menschen, die sich unter seiner Kanzel versammelten. Mich haben seine verständnisvollen Worte ermutigt, jeden einzelnen Tropfen Gram und Furcht und Zorn vor Gott auszuschütten. Spurgeon erinnerte mich einmal mehr daran, dass Gott mein Zufluchtsort ist.

Lieber Freund, wenn deine Trauer dich in den Staub drückt, lobe Gott dort! Ist jener Platz zu deinem Gethsemane geworden, so tritt dort „mit lautem Schreien und mit Tränen" vor deinen Gott. Erinnere dich der Worte Davids: „Liebe Leute, schüttet euer Herz aus" – aber vergiss nicht den Adressaten, vervollständige das Zitat: „Schüttet euer Herz *vor ihm* aus." Stell das Gefäß auf den Kopf; es ist gut, es vollständig zu entleeren, sonst droht die Trauer zu gären und wird zu etwas, das noch bitterer ist. Stell das Gefäß auf den Kopf, lass jeden Tropfen Trauer herauslaufen, aber tu das vor dem Herrn.[14]

Ein weises Wort. Stell das Gefäß auf den Kopf, lass jeden Tropfen Trauer herauslaufen. Entleere es vollständig vor dem Herrn. Genau das habe ich getan, dort, in der dunkelsten Stunde, als ich auf Erleichterung hoffte.

Ja, ich habe alles vor Gott ausgeschüttet. Ich habe ihn in mein tiefstes Inneres eingeladen. Und als ich über seine große Liebe zu mir meditierte, fand ich darin tiefe Erleichterung. Ich wusste ebenfalls, dass ich meine Dunkelheit einer Freundin offenbaren und es aussprechen musste: „Ich brauche Hilfe." Ich brauchte jemanden, der mir die Wahrheit zuspricht und mich im Kampf gegen die Lügen unterstützt, die mich plagten – *Es wäre besser, ich wäre nie geboren oder wenn Gott mich zu sich holen würde, oder wenn ich dem allen ein Ende mache.* Jemand musste mich daran erinnern, dass ich ein geliebtes und geschätztes Kind Gottes bin. Ich hatte gelernt, dass Gnade dort wartet, wo ich sagen konnte: „Ich brauche dich."

Zwar war mir immer noch nicht danach, das Bett zu verlassen, mich zu duschen und fein zu machen und unter Leute zu gehen, aber ich tat zumindest das Nötigste. Ich schleppte mich in eine der Gemeinden in der Stadt, in der Lisa Bevere, eine meiner Zufluchtsort-Schwestern, gerade Vorträge hielt.

Ich ging in die Kirche und schaffte es, Lisa noch kurz zu begrüßen, bevor die Veranstaltung begann. Sie schaute mich an und fragte, wie es mir ginge. „Nicht besonders", sagte ich ihr.

„Bleib bitte noch hier, wenn das Programm zu Ende ist. Im Ernst, Sheila – geh nicht weg", sagte sie.

Sie hatte an diesem Abend ein wunderbares Thema – es ging um Verbindung und um die Frage, warum wir aufeinander angewiesen sind, und es ging darum, wie Jesus uns das vorgelebt hat. Am Ende, nachdem sie die Leute verabschiedet hatte, hakte sie mich unter und führte mich in den privaten Raum, den man ihr zugewiesen hatte. Sie schaute mir in die Augen und sagte durch Tränen hindurch: „Ich weiß Bescheid."

Ich kniete mich hin auf den Boden und schüttete ihr mein Herz aus, während sie mich stützte. Sie legte mir die Hände auf und betete für mich, und das tat mir wirklich gut. Sie zerlegte die Lügen meiner Depression, die Dinge, die ich mir eingeredet hatte, und versicherte mir, dass sie mich liebte, egal wie finster ich mich fühlte. Und schließlich sprach sie mir die ultimative Wahrheit zu: Selbst in meiner Dunkelheit war ich ein von Herzen geliebtes kleines Mädchen.

Es liegt ein Geheimnis in dem Geschenk des Leibes Christi. Wir stehen auf heiligem Boden, wenn wir einander unsere Sünden bekennen, füreinander beten oder einander an die

Wahrheit erinnern. Jetzt könnte man fragen: Ist Depression Sünde? Klare Antwort: Natürlich nicht.

Nicht in Ordnung ist es dagegen, wenn ich den Lügen glaube, die die Depression mir einflüstert. Die Depression erzählt mir, dass ich weder Zukunft noch Hoffnung habe und dass das Leben mich verschlingen wird. Aber in Jesus Christus weiß ich, dass das Lügen sind. In ihm liegt meine Zukunft, auf ihm ruht meine Hoffnung. Er ist der Feind von Furcht und Verzweiflung. Er bringt mir Leben. In den Psalmen heißt es:

Der Herr ist mein Licht und mein Heil, vor wem sollte ich mich fürchten? Der Herr ist meines Lebens Zuflucht, vor wem sollte ich erschrecken? (Psalm 27,1; E).

Diesen ersten Vers von Psalm 27 habe ich immer geliebt, aber die letzten beiden Verse des Psalms konnte ich mir nie zu eigen machen. Aber ich habe entdeckt, dass mir meine Gemeinschaft von Zuflucht gewährenden Schwestern diese Worte aufschließt und begreiflich macht, wenn ich mich in dieser Gemeinschaft öffne: „Ich bin gewiss, dass ich am Leben bleiben und sehen werde, wie gütig der Herr ist. Hoffe auf den Herrn, sei stark, und dein Herz fasse Mut – ja, hoffe auf den Herrn! (Psalm 27,13f.; NGÜ). Wenn ich die Stimmen meiner geliebten Schwestern höre, wenn ich ihre Liebe spüre, dann weiß ich: Es ist wahr. Ich werde tatsächlich am Leben bleiben und sehen, wie gütig der Herr ist. Ich kann wirklich stark sein, kann Mut fassen und auf den Herrn hoffen.

Jesus Christus hat uns den Weg gewiesen, der uns nach Hause führt. Ob im Licht oder im Dunkeln – seine Wegweisung ist zuverlässig. Wir werden uns klar über unseren Standort, bekennen ihn vor Gott, meditieren über seine Liebe und schütteln alle Scham ab, die uns bremsen würde. An-

157

schließend können wir uns in vertrauter Gemeinschaft unseren Schwestern offenbaren und auf dem Weg der Wahrheit voranschreiten. Die bewusste Absage an Scham und Schande ist der Weg Jesu:

Wir sind also förmlich umgeben von einer riesigen Wolke von Zeugen. Darum lasst uns alle Last abwerfen, besonders die der Sünde, in die wir uns so leicht verstricken. Dann können wir mit Ausdauer in dem Wettkampf laufen, der vor uns liegt. Dabei wollen wir den Blick auf Jesus richten. Er hat uns zum Glauben geführt und wird ihn auch vollenden. Er hat das Kreuz ausgehalten und der Schande keine Beachtung geschenkt. Denn auf ihn wartete die große Freude, an der rechten Seite von Gottes Thron zu sitzen (Hebräer 12,1f.; BB).

Das griechische Wort *kataphroneó* ist hier ganz richtig wiedergegeben mit „keine Beachtung schenken" oder auch „geringschätzen/gering achten". Wie konnte Jesus die Schande ertragen, dass alle Sünde der Welt auf ihm lag, dass er entblößt, zur Schau gestellt und auf die denkbar grausamste Weise hingerichtet wurde? Die einfache Antwort lautet: Er wusste genau, wer er war. Er war sich seiner Identität sicher. Er war der geliebte und geschätzte Sohn Gottes, ausgestattet mit einem konkreten Auftrag.

Ganz gleich, was Ihnen weggenommen wird, niemand kann Ihnen Ihre Identität in Jesus Christus rauben. Sie sind eine geliebte und geschätzte Tochter des Königs, und sie haben eine Berufung.

Über diese Tatsache können Sie meditieren, diese Wahrheit soll in jede Pore Ihres Seins einsickern. Sie müssen der Scham über die schändlichen Geheimnisse und Lügen, die Sie geglaubt haben, keine Beachtung mehr schenken. Sie können sie gering achten. Sie können sie Ihren Schwestern bekennen und sich zusprechen lassen, dass Sie befreit sind von Scham und Schande durch die Kraft des Kreuzes Jesu Christi. Sie können Jesus nachfolgen.

Am Morgen nach meinem Gespräch mit Lisa saß ich im Freien mit einer Tasse Kaffee in unserem kleinen Garten. Die Hunde jagten einem Eichhörnchen hinterher, bis sie ermattet waren und sich zu meinen Füßen hinlegten. Ich fühlte mich sicher – nicht, als sei nichts gewesen, aber sicher. Ich fühlte mich geliebt – nicht heil, aber geliebt. Die ersten Blätter fielen. Es war ein friedevoller Morgen.

Unsere Yorkie-Dame Maggie richtete sich plötzlich auf und starrte auf eine Lücke im Geäst der großen Eiche am unteren Ende unseres Grundstücks. Zuerst dachte ich, das Eichhörnchen sei zurück, aber dann sah ich ein leuchtendes Farbspiel. Es war ein Roter Kardinal, und die Gedanken an meine Mutter kehrten zurück. Nur war da diesmal kein bisschen Dunkelheit, nur Licht. Ich hob meine Tasse zum Himmel und sagte: „Danke!"

Hoffnungs-Zeichen

Es ist leicht, sich der Welt anzupassen, ohne groß darüber nachzudenken. Verschiedene „Moden" kommen und gehen, Trends kommen und gehen, aber wir sind aufgerufen, derartigem äußeren Druck zu widerstehen. Der französische Theologe Franz Leenhardt hat es so ausgedrückt: „Was für ein Irrsinn ist es, diesem Puppentheater beizutreten, das da auf einer wackligen Bühne aufgeführt wird." [15]
Der Apostel Paulus fordert uns in Römer 12,1f. dazu auf,

Gott zu gestatten, dass er uns in neue Menschen verwandelt, indem er unsere Art zu denken ändert. Wir sollen beginnen, Gottes Gedanken zu denken und uns so zu sehen, wie er uns sieht. Ganz einfach ist ein solcher Perspektivwechsel nicht.

Es geht um eine radikale Neuorientierung, die tief im menschlichen Herzen beginnt und mehr und mehr Raum gewinnt, wenn wir zu Gott Ja sagen. Wenn wir uns ungeliebt fühlen, können wir selbstbewusst verkünden: Ich bin eine geliebte und geschätzte Tochter des Königs der Könige.

Wenn wir entmutigt sind und glauben, dass wir nichts Bleibendes schaffen können, können wir uns daran erinnern, dass Gott versprochen hat: Er wird das gute Werk, das er in uns angefangen hat, auch vollenden.

Wenn wir uns einsam fühlen, können wir uns an Gottes Zusage festhalten: „Ich will dich nicht verlassen und nicht von dir weichen" (Hebräer 13,5).

Gibt es Bereiche in Ihrem Leben, wo es Ihnen schwerfällt, Gott und seinem Wort zu gehorchen? Schreiben Sie auf, was Ihnen bewusst wird, und bitten Sie den Heiligen Geist, dass er Ihnen hilft zu verstehen, warum Sie auf diesen Gebieten zu kämpfen haben.

Sie können sich ein kleines Kreuz aufs Handgelenk malen als Zeichen dafür, dass wir – die Kinder des Kreuzes – nicht für diese Welt leben.

10. Sie sind tapferer, als Sie ahnen

Bran dachte darüber nach.
„Kann ein Mann tapfer sein, auch wenn er sich fürchtet?"
„Das ist der einzige Moment, in dem er tapfer sein kann",
erklärte ihm sein Vater.

George R. R. Martin, Die Herren von Winterfell[16]

Ich weiß noch genau, wo ich war, als Luci anrief. Ich saß an einem Tisch vor meinem Lieblingscafé und arbeitete an einem neuen Buch.

„Sheila, hier ist Luci. Hast du eine Minute für mich?", fragte sie.

„Na klar, Luc, worum geht's?"

„Hast du nächsten Mittwoch Zeit? Wenn ja, vielleicht hast du ja Lust, mich zu begleiten. Ich habe mich auf einen Kaffee mit Bono verabredet."

„Entschuldige mich bitte einen Moment", sagte ich, legte das Telefon auf den Tisch, rannte um die Ecke und ließ einen Urschrei los. Ich hastete zum Tisch zurück, versuchte mich zu fassen, nahm das Telefon wieder ans Ohr und sagte: „Gern. Sehr gern!"

Ich bin ein Fan von U2 seit den Anfängen der Band. Wir haben uns sogar einmal die Bühne geteilt. 1981 hatte ich mit meiner Band einen Auftritt als Hauptact beim *Greenbelt*, einem – dem! – christlichen Musik- und Kunstfestival in England. Als Vorgruppe wurde an jenem Abend eine junge, damals noch unbekannte Band aus Irland vorgestellt, und der Rest ist Geschichte.

Am folgenden Mittwoch holte ich Luci und unsere gemeinsame Freundin Mary Graham ab, und wir fuhren zu dem flippig-stylischen Hotel, in dem Bono Vox logierte. Luci hatte mir erzählt, dass sie die Einladung bekommen hatte, weil sie die *ONE* unterstützte, eine von Bono mitgegründete weltweite Kampagne zur Bekämpfung und Ausrottung der Armut.

„Ich habe mich dunkel erinnert, dass du U2 magst", sagte Luci, als wir das Hotel betraten.

„Mögen! Luci, das wäre extrem untertrieben. Das wäre so, als würde man Gott als ‚ganz nett' bezeichnen!"

Ich hoffte, das Treffen würde im Restaurant stattfinden, sodass ich mich setzen könnte, bevor ich vor Aufregung umfiel. Aber Bono wartete in der Lobby auf uns.

„Hallo, ich bin Bono", stellt er sich vor und reichte uns die Hand.

Jesus, du musst mir jetzt helfen.

Ich flötete, bestimmt zwei Oktaven höher als sonst: „Hi, ich bin Sheila, und diese Damen kennst du bestimmt – Luci Swindoll und Mary Graham."

„Wir haben eine Etage höher einen Raum, aber der Aufzug ist ein bisschen eng. Es passen nur zwei Leute auf einmal rein. Luci, möchtest du mit mir fahren?", fragte er.

„Warum nimmst du nicht Sheila?", sagte sie.

Das werde ich Luci immer hoch anrechnen.

In dem Raum dort erzählte Bono von seinem Hunger nach Gerechtigkeit, und er zitierte den Propheten Jesaja. Er fragte uns aus über unsere Arbeit mit *World Vision* und über unsere jüngsten Reisen nach Afrika und Indien. Es war ein denkwürdiger Austausch.

Einige Wochen später machte uns Bono ein Geschenk. Wir hatten uns zu einer *Women-of-Faith*-Konferenz versammelt, und Bono schickte eine Videobotschaft an die 15.000 Frauen in der Arena. Er sprach über die Fähigkeit von Frauen, die Welt zu verändern. Und dann erwähnte er Luci, Mary und mich namentlich. Er nannte uns „Löwinnen für Jesus".

Tags darauf ging ich in einen Spielzeugladen und erstand eine kleine Löwin. Zu Hause studierte ich ihren Gesichtsausdruck, die kraftvollen Pfoten, die sorgfältig modellierten Muskeln, bereit zum Sprung, falls irgendjemand ihre Jungen bedrohen würde. Ich platzierte die Figur sorgsam auf meinem Schreibtisch. Ich selbst konnte mich mit einer solchen kämpferischen Schönheit nicht identifizieren. Vielleicht sollte ich an meiner Auffassung von Stärke arbeiten.

Die Zeit verging, und ein Jahr vor Mums Tod kehrte ich zurück in dieselbe Arena. Bevor die Abendveranstaltung begann, fragte mich Judy, die Leiterin des Gebetsteams auf unserer Tour, ob sie mich kurz unter vier Augen sprechen könne. Sie sagte mir, sie hätte für mich gebetet, und da habe ihr Gott eine Botschaft für mich aufgetragen. Sie solle mir sagen, dass es Zeit sei zu kämpfen. Sie salbte mich mit Öl, legte mir die Hände auf und betete für mich.

„So sieht dich Gott", sagte sie und überreichte mir ein Bild. Es zeigte einen brüllenden Löwen mit einem kleinen Mädchen auf seinem Rücken. Das Mädchen hatte ein Schwert gezückt, bereit zum Angriff, aber es hatte die Augen verbunden, und die Enden der Augenbinde flatterten im Wind. Der bronzene Schild an ihrem linken Arm zeigte die Waage der Gerechtigkeit, perfekt ausbalanciert.

„Das verstehe ich nicht, Judy", sagte ich. „Warum hat sie die Augen verbunden?"

„Weil sie nichts aus eigener Kraft unternimmt. Ihre Kraft liegt in dem Löwen von Juda."

Als ich so das Bild studierte, begann sich etwas in mir zu regen. Ich dachte an die Lieblingsbücher meiner Kindheit, die *Chroniken von Narnia* von C. S. Lewis. Vielleicht kennen Sie die Kinofilme, die Anfang des neuen Jahrtausends entstanden sind, aber ich mag die Fernsehserie lieber, die die BBC 1988 in England produziert hat. Sie ist vielleicht nicht so opulent ausgestattet wie die Hollywood-Fassungen, aber wie dort Kindheit in Großbritannien gezeigt wird, das war mir sehr vertraut – so zum Beispiel die vernünftigen Schuhe, die die Kinder tragen, oder die Spiele, die sie spielen.

Von all den Charakteren in den Narnia-Erzählungen hatte es mir Lucy besonders angetan. Ihre Schwester Susan ist die Schönheit in der Familie mit langem wehenden Haar, aber Lucy hatte denselben Pagenschnitt wie ich. Und meine Vorliebe für Lucy hatte noch tiefere Gründe als nur die Frisur. Lucy hatte ein freundliches Wesen und war nett zu allen Tieren in Narnia. Die Tiere wiederum waren ihr gegenüber zutraulich. In vielerlei Hinsicht war sie das Gegenteil von einer Kämpferin, aber aufgrund ihres schlichten Glaubens konnte sie Aslan sehen, den wilden und furchterregenden Löwen und Herrscher, während andere das nicht vermochten.

Als Kind wollte ich Lucy sein. Ich wollte Aslan kennen.

Ich dankte Judy für das Bild, obwohl ich nicht richtig einordnen konnte, was sie angeregt hatte, es mir zu geben. Dennoch war ich dankbar für die Gedächtnisstütze.

Ein paar Monate nach Mums Tod wühlte ich in der Schublade meines Schreibtischs nach meinem Reisepass. Ich hatte ihn nach meiner Rückkehr aus Schottland dort verstaut, aber nun fand ich ihn nicht gleich. Ich zog die Schublade komplett heraus und kippte sie aus, und da war sie – meine kleine Löwin. Ich setzte sie neben das Bild, das Judy mir gegeben hatte, und musste grinsen. Es war, als würde Gott mich fragen: „Verstehst du jetzt?"

Ich saß still da in der Gegenwart Gottes, lauschte auf seine Stimme und dachte nach über die Löwin und über das Bild. Die Puzzlesteine fügten sich allmählich zusammen. Ich dachte daran zurück, wie ich als kleines Mädchen auf Bäume geklettert war und herrenlose Hunde gerettet hatte. Mum hatte mich furchtlos genannt. Ich war Lucy, tapfer und freundlich; ich war das Kind, das Gott sehen konnte.

So hat Gott mich geschaffen, auch wenn ich das eine Zeit lang vergessen hatte. Aber Gottes Gegenwart dort in der Stille hat mich daran erinnert. Und als er die Erinnerung wachrief, fühlte ich mich tapfer und stark, und ich wusste mich herzlich geliebt von meinem himmlischen Vater.

Wir sollen das werden, wozu uns Gott geschaffen hat. Dazu gehört, dass wir uns daran erinnern, wer wir wirklich sind, und diese Tatsache glauben anstelle der Lügen, die zu glauben uns das Leben gelehrt hat. Unsere wahre Identität ist in der Liebe Gottes zu finden, nicht in den Etiketten, die wir uns selbst verpasst haben.

Ich bin nicht „Sheila Walsh, deren Vater sich das Leben genommen hat".

Ich bin nicht „Sheila Walsh, die in der Klinik war".

Ich bin nicht „Sheila Walsh, die Schamerfüllte".

Ich bin Sheila Walsh, eine geliebte und geschätzte Tochter des Königs der Könige.

Habe ich mich immer dementsprechend gefühlt? Nein.

Bedeutet das, dass diese Aussage nicht immer stimmte? Nein.

Was Sie betrifft – definieren Sie sich selbst als geschieden oder fett oder immer in finanziellen Schwierigkeiten? Definieren Sie sich über die Tatsache, dass Sie allein leben, oder über Ihre Einsamkeit? Betrachten Sie sich selbst als verloren oder übergangen? Definieren Sie sich über den Trümmerhaufen, in dem Sie gerade stecken?

Allzu leicht glauben wir den Etiketten, die uns jemand angesteckt hat, oder den Lügen über unser wahres Wesen, aber Gott definiert uns nicht über unsere Sammlung von Etiketten. Er definiert uns auch nicht über unsere Schwächen. Wenn Gott uns anblickt, sieht er geliebte und geschätzte Töchter.

Das ist die Wahrheit. Machen Sie sich das klar.

Der Apostel Paulus wusste, dass Gott ihn nicht über seine Schwäche definiert. In seinem zweiten Brief an die Korinther schrieb er von einem „Stachel im Fleisch", an dem er litt. Er hatte Gott gebeten, diesen Stachel zu entfernen. Was hat es mit diesem Stachel auf sich? Manche meinen, er habe seine Sehkraft verloren, andere tippen auf Malaria. Manche behaupten, Paulus habe an heftigen Migräneattacken gelitten. Wieder andere glauben, das mit dem Stachel beziehe sich auf die fortgesetzte Verfolgung durch die jüdischen Religionsbehörden oder auf die Scham, die er aufgrund seiner Vergangenheit als Verfolger der christlichen Gemeinde empfand. Was immer es war – und das weiß niemand bestimmt –, es hat Paulus jedenfalls akuten Kummer bereitet. Paulus schrieb: „Dreimal schon habe ich den Herrn angefleht, mich davon zu befreien. Aber er hat zu mir gesagt: ‚Meine Gnade ist alles, was du brauchst! Denn gerade wenn du schwach bist, wirkt meine Kraft ganz besonders an dir'" (2. Korinther 12,8f.; HfA).

Warum hat Gott nicht einfach diese Anfechtung weggenommen? Ich weiß es nicht. Vielleicht war der Stachel im Fleisch ein gut maskierter Gnadenerweis, der Paulus daran erinnerte, wie sehr er auf Jesus Christus angewiesen war. Vielleicht hat ihn der Stachel auf den Boden zurückgeholt und hat ihm geholfen, sich besser auf Menschen einzulassen, die ebenfalls zu kämpfen hatten. Wir lassen uns ja auch nur schwer von jemandem trösten, der noch nie gelitten hat. Was auch immer der Hintergrund war, Paulus war sich seiner Identität bewusst – er war trotz seiner Schwäche ein kraftvoller Sohn Gottes.

Was erleben Sie als Ihren Stachel im Fleisch? Was hindert Sie daran, Ihre von Gott verliehene Identität als Gottes herzlich geliebte und geschätzte Tochter auszuleben?

Tatsache ist: Dort, wo wir unsere gebrochene Existenz Gottes Barmherzigkeit aussetzen, fließt Kraft wie ein mächtiger Strom.

Das birgt freilich die Frage: Einmal abgesehen von der Gemeinschaft vertrauenswürdiger Geschwister – wie werden wir uns über unsere wahre Identität klar, wenn wir uns zugleich so schwach fühlen? Wie können wir uns gegen die dornigen Lügen wappnen, mit denen der Feind unserer Seele uns vom Leben trennen will und die uns vergessen lassen sollen, wer wir wirklich sind?

Die Antwort ist einfach: Wir bewaffnen uns.

Knifflig an der Sache ist nur, dass unsere Waffen nicht wie Waffen aussehen, genau wie unsere Kraft nicht nach Kraft aussieht.

Denken Sie an die ultimative Waffe, die Jesus Christus eingesetzt hat – an seinen Tod am Kreuz. Für die Augenzeugen damals sah das Kreuz nach Niederlage aus, nicht nach Sieg. Sie hatten nicht die geringste Ahnung, dass der Tod am Kreuz die mächtigste Waffe war, die jemals geschwungen wurde, und dass sie in der Hand Gottes lag. J. C. Ryle hat in seinem fantastischen Kommentar zum Johannesevangelium geschrieben: „Das Kreuz hat die Form eines Schwerts mit abwärts gerichteter Spitze, der Knauf zeigt zum Himmel, als ob er in der Hand Gottes läge, die Spitze steckt im Boden, als ob sie den Kopf der alten Schlange, des Teufels, durchbohren würde."[17]

In ähnlicher Weise sehen auch unsere Waffen in menschlichen Augen nicht besonders bedrohlich aus, aber in der geistlichen Sphäre wird ihre Macht erkennbar. Wir können Bekenntnis, Gebet, Meditation von Gottes Wort und Gemeinschaft nutzen zusammen mit Stille, Gehorsam und Dankbarkeit. In der Bibel erfahren wir, dass uns auch Vergebung, Gnade, Liebe und Barmherzigkeit helfen können. Das führt uns zu einer der mächtigsten Waffen überhaupt – zum Wort Gottes selbst.

Paulus hat die Waffenrüstung Gottes so beschrieben:

Bleibt standhaft! Die Wahrheit ist euer Gürtel und Gerechtigkeit euer Brustpanzer. Macht euch bereit, die rettende Botschaft zu verkünden, dass Gott Frieden mit uns geschlossen hat. Verteidigt euch mit dem Schild des Glaubens, an dem die Brandpfeile des Teufels wirkungslos abprallen. Die Gewissheit, dass euch Jesus Christus gerettet hat, ist euer Helm, der euch schützt. Und nehmt das Wort Gottes. Es ist das Schwert, das euch sein Geist gibt.

(Epheser 6,14-17; HfA)

Viele gute Bücher sind schon über die Waffenrüstung Gottes geschrieben worden, also muss ich hier nicht in die Einzelheiten gehen. Mit einer Ausnahme: Die Sache mit dem Wort Gottes als dem „Schwert des Geistes" habe ich lange Zeit nicht verstanden. Je mehr ich mich damit befasst habe, umso reicher wurde mein Verständnis.

Im bewussten Abschnitt im Epheserbrief benutzt Paulus für *Schwert* im Altgriechischen das Wort *machairan*. Es ist feminin, und es steht für ein kurzes Schwert oder für einen Dolch. Es ist also nicht die Art Schwert, die man in der großen Schlacht über dem Kopf schwingend einsetzen würde. Es geht um eine eher persönliche Waffe, eine Waffe für den Nahkampf.

Der griechische Begriff für *Wort* lautet an dieser Stelle

rhema. Das ist nicht derselbe Begriff wie der für die Heilige Schrift als Ganzes, auch nicht derselbe wie im ersten Kapitel des Johannesevangeliums, wo Jesus mit dem Wort Gottes identifiziert wird. *Rhema* steht für eine kurze Phrase, eine Aussage oder ein Sprichwort. Anders ausgedrückt: Paulus lässt uns wissen, dass wir nicht unbewaffnet in die Auseinandersetzung mit dem Feind Gottes gehen sollen. Wir bekämpfen ihn mit ausgewählten Verheißungen und mit Aussagen aus dem Wort Gottes. Jesus hat uns vorgemacht, wie das geht.

Der Bericht von der Taufe Jesu ist die einzige Stelle in der Bibel, wo wir ein Bild von Gott in drei Gestalten gleichzeitig bekommen: „Gleich nach der Taufe stieg Jesus wieder aus dem Wasser. In diesem Augenblick öffnete sich der Himmel über ihm, und er sah den Geist Gottes wie eine Taube herabkommen und sich auf ihm niederlassen. Gleichzeitig sprach eine Stimme vom Himmel: ‚Dies ist mein geliebter Sohn, über den ich mich von Herzen freue' (Matthäus 3,16f.; HfA).

Gott der Vater persönlich identifiziert Jesus als seinen von Herzen geliebten Sohn. Und der Heilige Geist, hier noch sichtbar, führt Jesus direkt anschließend für vierzig Tage in die Wüste, wo er vom Teufel auf die Probe gestellt wird. Die Wüste – das war vermutlich ein öder, einsamer Ort auf den steinigen Ausläufern des judäischen Berglandes zum Toten Meer hin. Es war eine Gegend, in der sich sonst nur Räuber und Revoluzzer aufhielten. Die meisten Menschen hielten sich von der Wüste fern. Aber Jesus folgte vertrauensvoll der Weisung des Geistes.

Den Evangelien zufolge bewegte sich Jesus vierzig Tage lang in der Wüste ohne Nahrung, ohne Gesellschaft. Nach vierzig Tagen, als Jesus müde und hungrig war, trat der Teufel an ihn heran, um ihn in Versuchung zu bringen. Als Erstes stellt der Feind die Identität Jesu infrage und spielt auf seine körperlichen Bedürfnisse an: „Wenn du Gottes Sohn bist, dann befiehl doch, dass dieser Stein hier zu Brot wird!" (Lukas 4,3; HfA).

Jesus wusste, wer er war, nämlich Gottes herzlich geliebter Sohn, und eine Aussage aus dem 5. Buch Mose Kapitel 8 diente ihm als Dolch: „Der Mensch lebt nicht allein von Brot!" (Lukas 4,4).

Als Nächstes versuchte der Teufel es mit der vielleicht größten Versuchung für Jesus überhaupt – mit der Aussicht auf den Gewinn der Weltherrschaft ohne den Weg über das Leiden. Das wird im Evangelium so geschildert: „Der Teufel führte ihn auf einen Berg, zeigte ihm in einem einzigen Augenblick alle Reiche der Welt und bot sie Jesus an: ‚Alle Macht über diese Welt und ihre ganze Pracht will ich dir verleihen; denn mir ist sie übergeben, und ich schenke sie, wem ich will. Wenn du dich vor mir niederwirfst und mich anbetest, wird das alles dir gehören'." (Lukas 4,5-7).

Der Teufel bot ihm also einen einfachen Ausweg an. Aber Jesus, obwohl geschwächt, wehrte ab. Er antwortete mit einem Satz aus dem 5. Buch Mose Kapitel 6: „Bete allein den Herrn, deinen Gott, an und diene nur ihm!" (Lukas 4,8).

Schließlich nimmt der Feind Jesus mit nach Jerusalem und stellt ihn auf die Zinne des Tempels, also auf die höchste Stelle, von der aus man die Stadt und die ganze Umgebung überblicken konnte. Er sagte: „Wenn du Gottes Sohn bist, dann spring von hier hinunter! In der Schrift steht doch: ‚Gott wird dir seine Engel schicken, um dich zu beschützen. Sie werden dich auf Händen tragen, sodass du dich nicht einmal an einem Stein stoßen wirst!'" (Lukas 4,9-11). Hier zitierte der Teufel Psalm 91, allerdings pickte er nur Sätze heraus, die seiner Absicht dienten. Er unterschlug zum Beispiel den vorangehenden Vers 9, in dem es heißt: „Denn der Herr ist deine Zuversicht, der Höchste ist deine Zuflucht."

Der Feind Gottes ist bibelfest und versucht uns womöglich mit aus dem Zusammenhang gerissenen biblischen Aussagen. Deshalb ist es so wichtig, dass wir mit dem Wort Gottes vertraut sind, sodass wir es als Waffe gegen ihn verwenden können. Jesus hat genau das gemacht. Er hat 5. Mose 6,16 zitiert: „Du sollst den Herrn, deinen Gott, nicht herausfordern!" (Lukas 4,12).

Der Sohn Gottes nutzte das Wort Gottes, um den Feind Gottes zu besiegen. So können auch wir kämpfen. Es mag so aussehen, als stünden wir allein, aber der Löwe von Juda, der große Aslan, ist bei uns. Er gibt uns die nötigen Waffen an die Hand, mit denen wir die Lügen abwehren können, die unser Feind über uns oder über unsere Schwestern verbreitet. Das bringt uns zu der Frage: Welche Waffen brauchen Sie für Ihren persönlichen Kampf? Welche Waffen benötigen Ihre Schwestern für ihre jeweiligen Kämpfe, für ihre ganz eigene persönliche Situation? Wie stellt der Feind uns auf die Probe?

Ich schlage vor: Denken Sie über die folgenden Verheißungen nach. Es sind sorgfältig ausgewählte Dolche aus dem Arsenal des Wortes Gottes für den Kampf gegen die Lügen über Sie und Ihre Schwestern.

Wenn Sie mit Depressionen zu kämpfen haben: „Ich bin gewiss, dass ich am Leben bleiben und sehen werde, wie gütig der Herr ist" (Psalm 27,13; NGÜ).

Wenn Sie gegen Ängste ankämpfen: „Fürchte dich nicht, denn ich stehe dir bei; hab keine Angst, denn ich bin dein Gott! Ich mache dich stark, ich helfe dir, mit meiner siegreichen Hand beschütze ich dich!" (Jesaja 41,10; HfA).

Wenn Gott weit entfernt zu sein scheint: „Ich bin ganz sicher: Weder Tod noch Leben, weder Engel noch Dämonen, weder Gegenwärtiges noch Zukünftiges noch irgendwelche Gewalten, weder Hohes noch Tiefes oder sonst irgendetwas auf der Welt können uns von der Liebe Gottes trennen, die er uns in Jesus Christus, unserem Herrn, schenkt" (Römer 8,38f.; HfA).

Wenn Ihnen Angst macht, was in der Welt geschieht: „Gott ist unsere Zuflucht und Stärke, ein bewährter Helfer in Zeiten der Not" (Psalm 46,1; HfA).

Es gibt mehr als dreitausend Verheißungen in der Bibel. Ich mache Ihnen Mut: Nehmen Sie sich die Zeit, um Ihre Waffen zu schärfen. Warten Sie mit der Vorbereitung nicht erst, bis der nächste Sturm über Sie hereinbricht. Machen Sie sich jetzt bereit. Notieren Sie die Verheißungen auf Karten oder lernen Sie sie auswendig. So sind Sie präpariert, wenn Sie selbst oder eine Ihrer Schwestern unter Beschuss geraten.

Es liegt Kraft im Wort Gottes. Ich brauche diese Unterstützung, ich ziehe Kraft daraus, besonders dann, wenn gerade keine Freunde zur Stelle sind, um mir beizustehen. Ich fühle mich nicht immer topfit, wenn ich ans Rednerpult trete, um zu sprechen. Aber an solchen Abenden, wo ich unsicher bin, verlasse ich mich darauf, dass das Wort Gottes keine schlechten Tage kennt. Ich bin tatsächlich schon auf Kanzeln oder ans Mikrofon getreten mit den Einflüsterungen des Feindes im Ohr: „Du bist zu müde, du wirst es vermasseln, du hast den Leuten nichts zu sagen." Dann halte ich inne. Mache eine Pause, während die Leute warten und sich schon fragen, was mit mir los ist, und ziehe meine Waffe: „Ich vermag alles durch den, der mich stark macht, Christus!" (Philipper 4,13; S). Und dann beginne ich meinen Vortrag, nicht stark aus mir selbst heraus, aber auch nicht allein, denn ich weiß: Christus ist bei mir.

Wie kann das aussehen, dass Sie Ihren personalisierten Dolch einsetzen? Dafür gibt es eine kraftvolle Illustration in der Filmfassung der vierten Folge der Chroniken von Narnia, *Prinz Kaspian von Narnia*. Es entspricht nicht zu hundert Prozent dem Buch, aber es ist trotzdem eindrücklich. Im Film sagt Lucy zu Aslan: „Ich wünschte, ich wäre tapferer."

Aslan entgegnet ihr: „Wenn du noch tapferer wärst, dann wärst du eine Löwin."

Also geht Lucy allein auf die Brücke und stellt sich der gewaltigen Armee der Telmarer entgegen. Verblüfft vom Anblick des kleinen Mädchens, das ihnen den Weg versperrt, halten die Telmarer in ihrem Angriff kurz inne. Es ist eine David-gegen-Goliath-Situation. Lucy lächelt kurz, dann zieht sie ihren Dolch und streckt ihn der feindlichen Armee entgegen. In diesem Moment taucht ein grimmig entschlossener Aslan direkt hinter ihr auf, und es wird klar: Lucy ist nicht allein.

Auch wir sind nicht allein. Ich stimme völlig mit Bono überein, der den *Women of Faith* seinerzeit gesagt hat: „Eine Frau, die ihren Wert in Christus hat, kann die Welt verändern." Um es anders auszudrücken, etwa so, wie Herr Bieber es in *Der König von Narnia* sagt: „Aslan ist in Bewegung." Möge das wahr sein in uns, durch uns und um uns herum.

Hoffnungs-Zeichen

Unser Leben nimmt manchmal unerwartete Wendungen, und auf einmal finden wir uns in einer neuen Stadt wieder oder in einer neuen Gemeinde, wo wir niemanden kennen. Manche von uns werden durch Krankheit oder Scheidung isoliert, und der Boden, der uns lange getragen hat, ist auf einmal unsicher. Es wird auch Zeiten geben, in denen unsere vertrauten Schwestern nicht zur Stelle sind. Wie sollen wir uns dann verhalten? Was können wir tun, wenn wir uns nicht nur alleine fühlen, sondern tatsächlich alleine sind und unser Leben in Schieflage geraten ist?

An solchen Tagen fällt einem manchmal sogar das Beten schwer. Und so rufe ich mir einen Abschnitt aus dem Römerbrief in Erinnerung:

„Der Geist Gottes hilft uns in all unseren Schwächen und Nöten. Wissen wir doch nicht einmal, wie wir beten sollen, damit es Gott gefällt! Deshalb tritt Gottes Geist für uns ein, er bittet für uns mit einem Seufzen, wie es sich nicht in Worte fassen lässt. Und Gott, der unsere Herzen durch und durch kennt, weiß, was der Geist für uns betet. Denn im Gebet vertritt der Geist die Menschen, die zu Gott gehören, so wie Gott es möchte" (Römer 8,26f.; HfA).

Das finde ich großartig. Der Geist vertritt uns. Er stärkt uns den Rücken. Mit seiner Hilfe werden wir dieses chaotische, schöne, herausfordernde Leben meistern.

Ich habe mir ein Arsenal von ein paar wenigen Wahrheiten zugelegt, die ich gerne mit Ihnen teilen möchte, damit Sie sie ebenfalls in Ihren Kämpfen einsetzen können. Ich habe diese Aussagen auf Karten notiert, die ich in meiner Handtasche immer bei mir habe.

Ich bin noch nicht zu Hause.
Tränen sind okay.
Morgen wird die Sonne wieder aufgehen.
Gott ist bei mir, egal ob ich seine Gegenwart spüre oder nicht.
Auch Schweigen kann Anbetung sein.
Ich bin geliebt.

Ich lese diese Sätze wieder und wieder – so oft wie nötig,
und dann stecke ich die Karten wieder in die Tasche.

Wie klingen solche Aussagen in Ihren Ohren?
Welcher Satz spricht Sie am meisten an?
Was für Sätze können Sie Ihrem Arsenal hinzufügen?

11. Durch und durch gekannt und geliebt

Denkt nicht mehr daran, was war, und grübelt nicht mehr
über das Vergangene. Seht hin; ich mache etwas Neues;
schon keimt es auf. Seht ihr es nicht?
Ich bahne einen Weg durch die Wüste
und lasse Flüsse in der Einöde entstehen.

Jesaja 43,18f. (NLB)

Ich habe meinen Vater nicht bewusst in seinen guten Tagen
erlebt. Damit habe ich mich im Lauf meines Lebens abgefunden. Ich besitze zwar ein paar Fotografien, aber ich habe
keine Erinnerung an den glücklichen Mann, der er vor der
Gehirnblutung gewesen war. Sonst hätte ich mich am Tag
der Bestattung meiner Mutter über ein seltenes Geschenk
freuen können.

Wir hatten alle Gäste im Anschluss an die Trauerfeier zu
einem Empfang in einem nahe gelegenen Hotel eingeladen.
Ich streifte durch den Saal im Bestreben, nach Möglichkeit
alle Leute zu begrüßen. Da erblickte ich einen älteren, mir
unbekannten Herrn, der offensichtlich schon wieder aufbrechen wollte. Ich ging zu ihm und stellte mich vor.

„Danke, dass Sie gekommen sind", sagte ich. „Ich bin Sheila, Bettys Tochter."

„Ich weiß, wer du bist, Mädchen", sagte er. „Du hast das heute wunderbar gemacht in der Kirche. Es wird dir nicht leichtgefallen sein, an deine Mutter zu erinnern."

„Danke, Sir. Waren Sie mit Mum befreundet?", fragte ich.

„Ich war mit deinem Dad befreundet, Mädchen", gab er zurück.

Erschrocken trat ich einen Schritt zurück. Ich hatte noch nie einen von Dads Freunden getroffen. Nach seinem Tod hatten wir die Stadt verlassen und waren umgezogen nach Ayr, wo Mums Angehörige lebten – fünfzehn Meilen von Cumnock entfernt. Nur ein kleiner geografischer Abstand, aber Mum fühlte sich in Ayr vertrauter. Cumnock verband sie mit allzu vielen schlimmen Erinnerungen. Außerdem hatte Dad keine Angehörigen mehr gehabt, die mir etwas darüber hätten erzählen können, wie er als Kind gewesen war. Es gab auch keine Fotos aus seiner Kindheit, nichts, was mir eine Vorstellung von seiner wahren Persönlichkeit verschafft hätte. Aber dort in diesem Hotel war jemand, der meinen Dad kannte, und ausgerechnet der war bereits auf dem Sprung. Ich fragte ihn, ob er noch ein paar Minuten bleiben könne, aber er sagte, er müsse sich auf den Weg machen.

Er hielt einige Augenblicke inne, dann ergriff er meine beiden Hände und sagte: „Du bist zu einer schönen Frau geworden. Ich kannte deinen Dad sehr gut. Er wäre so stolz auf dich!"

Und weg war er. Ich wusste, dass diese Worte als Geschenk für mich gedacht waren. Tatsächlich aber bohrten sie sich wie ein Messer in mein Herz.

Wenn er überlebt hätte, dann hätte er dich bestimmt geliebt!

Ich ging aus dem Saal auf der Suche nach einem Platz, wo ich allein sein konnte. In der Damentoilette dröhnten mir die Worte des fremden Herrn in den Ohren. Wie hatte ich mich all die Jahre über danach gesehnt, so etwas zu hören, aber ich wollte es von meinem Dad hören, nicht von seinem Freund.

Da ich allein in dem Waschraum war, schüttete ich an Ort und Stelle mein Herz vor Gott aus.

„Das hat mich so traurig gemacht", sagte ich. „Dad wäre stolz auf mich? – Was ändert das daran, wie mein Leben verlaufen ist?" Ich redete unaufhörlich, sprach alles aus, was ich empfand.

Seit ich begriffen habe, dass Gott mein Zufluchtsort ist, habe ich mir angewöhnt, all meinen verborgenen Schmerz, all meine namenlosen Verletzungen vor Gott zu bringen. Das bedeutet nicht, dass es nicht mehr wehtut; aber es bedeutet, dass ich es nicht mehr länger für mich behalte. Ich bringe alles in Gottes Gegenwart – den Kummer, die Fragen, den Zorn, die Trauer. Ich bringe ihm auch die Freude und das Glück. Jede Empfindung, jede Regung, jeder Gedanke ist bei Gott willkommen. Und so habe ich mich dort in diesem Waschraum zu Gott geflüchtet.

Ich saß eine Weile still da. Ich bat Gott, in meine Dunkelheit hineinzusprechen. Und dann hörte ich meinen himmlischen Vater tief in mir.

Ich bin stolz auf dich. Ich liebe dich so sehr. Ich habe dich keinen Augenblick deines Lebens aus den Augen gelassen. Ich war und bin stets bei dir.

Es war mir nicht bewusst gewesen, aber genau darauf hatte ich gewartet. Das wollte ich hören, das wollte ich wissen. Ich hob meine Hände auf wie zum Gebet, aber es fühlte sich eher so an …, ja, als wäre ich eine Tochter, die sich ihrem Dad entgegenstreckt, damit er sie auf den Arm nimmt. Ich wusste, ich konnte loslassen – den Zorn, den Kummer, den Schmerz. Und was ich dabei empfand, das kann ich nur als Freude beschreiben – reine, ungetrübte Freude.

Dort in diesem Waschraum dachte ich zurück an so viele Momente, in denen ich mich allein gefühlt hatte. Ich erinnerte mich an ein Sommercamp in meiner Kindheit, bei dem jeweils an einem Tag die Väter eingeladen waren, sich exklusiv um ihre Kinder zu kümmern. Ich hatte mich in meinem Zimmer versteckt, bis es vorbei war. Ich erinnerte mich auch an einen einsamen Spaziergang am Strand, als ich sechzehn war. Mum war im Krankenhaus, und ich wusste, es stand ernst um sie, und ich fürchtete, dass ich ganz allein zurückbleiben könnte. So viele Erinnerungen spulten sich vor meinem inneren Auge ab wie ein alter Schwarz-Weiß-Film. Mir wurde klar, dass ich mich immer als einsames Mädchen betrachtet hatte. Aber nun entdeckte ich eine andere Wahrheit: Auch wenn ich mich einsam gefühlt und gefürchtet hatte, war ich das geliebte Mädchen, an dem Gott Freude hatte.

Und auch wenn mir das Gefühl der Einsamkeit allzu vertraut war, begann ich zu begreifen: Nur weil einem ein Ort vertraut ist, heißt das noch lange nicht, dass man auch wirklich dort hingehört.

Ich wischte mir die Tränen aus dem Gesicht und ging wieder in den Saal zurück. Christian hatte bereits nach mir gesucht.

„Geht's dir gut, Mom?"

„Aber ja", sagte ich, „mir geht's richtig gut.

Es wäre schön gewesen, wenn durch diese Erfahrung nach der Trauerfeier im Waschraum *alles* wieder gut gewesen wäre. Wenn mir dadurch die dunklen Tage erspart geblieben wären, die in den Monaten nach Mums Beerdigung noch kommen sollten. Aber es braucht seine Zeit, bis die Wahrheit endgültig den Platz der tief verinnerlichten Lügen einnimmt.

Es ist einfach, in alte Denkgewohnheiten zurückzufallen und sich erneut an alte Selbstbilder zu klammern. Genau das ist mir wohl passiert nach meiner Rückkehr in die Staaten. Und so hat es Monate gedauert, bis ich begriffen habe: Mich ehrlich bekennen, Stille, Meditation und die Gemeinschaft von vertrauten Schwestern waren für mich die einzigen zuverlässigen Wege, um täglich zu erfahren, dass ich eine von Herzen geliebte und geschätzte Tochter Gottes bin.

Es erfordert einen bewussten Entschluss, sich auf den Weg des regelmäßigen sich Bekennens – Gott und der Gemeinschaft von Mitglaubenden gegenüber – zu begeben und darauf zu bleiben. Aber das ist gleichbedeutend mit dem sprichwörtlichen Wandeln im Licht. Nur im Licht werden die schambesetzten inneren Geheimnisse unseres Lebens erkennbar, nur im Licht werden wir direkt mit der Wahrheit konfrontiert. Johannes, der Lieblingsjünger Jesu, hat es so gesagt:

„Gott ist Licht. In ihm gibt es keine Finsternis. Wenn wir also behaupten, dass wir zu Gott gehören, und dennoch in der Finsternis leben, dann lügen wir und widersprechen mit unserem Leben der Wahrheit. Leben wir aber im Licht, so wie Gott im Licht ist, dann haben wir Gemeinschaft miteinander. Und das Blut, das sein Sohn Jesus Christus für uns vergossen hat, befreit uns von aller Schuld" (1. Johannes 1,5-7; HfA).

Der 1. Johannesbrief ist geradezu getränkt mit der Liebe Gottes. Derselbe Johannes war mit Jesus am See Genezareth unterwegs gewesen, hatte seinen Kopf an die Brust von Jesus gelehnt, hat anders als die anderen Jünger bei Jesus ausgeharrt, selbst als der am Kreuz hing, und hat später mit eigenen Augen den Auferstandenen gesehen. Dieser Johannes beschreibt uns so eindrücklich, was es heißt, Gemeinschaft mit Gott zu haben. Und diese Gemeinschaft setzt innige wechselseitige Liebe voraus.

Dem Abschnitt geht der Satz voraus: „Das ist die Botschaft, die wir von Christus gehört haben und die wir euch weitersagen."

Das Wort, das hier mit *Botschaft* übersetzt ist, begegnet

uns im Neuen Testament nur zweimal. Es ist der altgriechische Begriff *angelia*. Er ist verwandt mit dem Begriff *euangelion*, der für eine lebenspendende frohe Botschaft steht. Die Botschaft von Jesus Christus – die Gute Nachricht – ist nicht dazu da, um Menschen zu verdammen oder zu verletzten, sondern sie spendet Leben. Echtes, wahrnehmbares Leben.

Im Aramäischen hat der Vers 5 einen etwas anderen Akzent, das wäre etwa so zu übersetzen: „Dies ist die Hoffnung, die wir von ihm gehört haben, und die Hoffnung, die wir an euch weitergeben, denn Gott ist Licht, und in ihm ist absolut keine Finsternis."

Johannes hat Jesus von dieser Hoffnung sprechen gehört, hat die Hoffnung aller Hoffnungen mit eigenen Augen gesehen. Johannes hat die dunkelsten Tage Jesu Christi miterlebt – auch die dunklen Tage unmittelbar nach seinem Tod, aber er hat auch erlebt, wie Gottes Licht die Finsternis besiegt hat in der Auferstehung Jesu Christi. Er wusste, dass die Hoffnung und das Licht Gottes unerschöpflich sind. Die Hoffnung und das Licht Gottes – das ist durchweg lebensspendende frohe Botschaft.

Vielleicht hat Ihnen Ihr Vater oder Ihre Mutter das Gefühl vermittelt, eine einzige Enttäuschung zu sein. Eine derart niederschmetternde Botschaft werden Sie von Gott niemals hören. Seine Botschaft ist Hoffnung und Licht.

Vielleicht sind Sie von jemandem, der Ihnen nahestand, missbraucht worden. Gott wird Sie niemals verletzen. Er ist der Erneuerer, er bringt wieder Hoffnung und Licht in verdunkelte, zerschlagene Herzen.

Vielleicht ist Ihr Lebensweg mit zwar nicht lebensbedrohlichen, aber dennoch schwer erträglichen Enttäuschungen gepflastert. Oder Sie vergleichen sich mit anderen Frauen und haben den Eindruck, dass Sie nicht mithalten können. Vielleicht haben Sie es sich erst kürzlich wieder mit Ihrem Kind verscherzt, und nun klagt Ihr Herz Sie an. In solchen

Momenten kommt Gott zu Ihnen und versichert Ihnen, dass er stolz ist auf Sie, auf seine von Herzen geliebte Tochter.

Egal, welche Last Sie mit sich und in sich geschleppt haben, egal, welche Finsternis Sie in sich gehütet haben – es ist höchste Zeit, dass Sie die Hoffnung und das Licht Gottes dort hineinleuchten lassen. Und wenn Sie in seinem Licht wandeln, wenn nichts mehr vor ihm verborgen ist, dann werden Sie entdecken, dass Gott Sie genau so liebt, wie Sie sind, und genau dort, wo Sie sind. Aber Sie werden nicht so und nicht dort bleiben – das ist das Wunderbare an Gottes Gnade.

Es mag Ihnen anfänglich schwierig vorkommen, Ihre persönliche Dunkelheit dem Licht Gottes auszusetzen – ähnlich, wie wenn Sie nach einem mittäglichen Kinobesuch ins helle Sonnenlicht hinaustreten. Diese Art Licht kann einen durchaus blenden. Aber Johannes hat klargestellt: Entweder folgen wir Jesus Christus im Licht, oder wir wenden uns ab und müssen den Weg in unserer eigenen Dunkelheit finden. Das Evangelium ist die Einladung: *Komm, geh mit mir, und lass mich dich durch und durch kennen und lieben.*

Johannes bleibt dabei nicht stehen. So fährt er fort: „Leben wir aber im Licht, so wie Gott im Licht ist, dann haben wir Gemeinschaft miteinander" (1. Johannes 5,7). Das Leben im Licht ermöglicht es uns, wahre Gemeinschaft zu erfahren. Eine Gemeinschaft von Menschen, die sich nicht scheuen, ihren Schmerz, ihre Verletzungen und ihre Geheimnisse in Gottes Licht zu bringen. Menschen, die ihre Gebrochenheit nicht voreinander verbergen.

Wenn wir zu begreifen beginnen, wie sehr Gott uns liebt – selbst in unserer Gebrochenheit, dann sind wir auch fähig, einander zu lieben und wahre Gemeinschaft zu pflegen. Und wenn wir einander auf diese Weise lieben, dann können wir einander auch ermutigen, den Weg im Licht der Wahrheit weiterzuverfolgen.

In den Wochen und Monaten nach dem Tod meiner Mutter habe ich begonnen, mich fester als bisher auf die Wahrheit von Gottes Wort zu verlassen. Ich habe begonnen, meine Gedanken zu sortieren und die Dunkelheit zu bekämpfen. Es war großartig, dass ich diesen einen Moment reiner Freude in einem Waschraum im schottischen Ayr erlebt hatte, aber ich musste erst lernen, das zur täglichen Übung werden zu lassen. Als ich spürte, dass die Dunkelheit wieder in mir aufkam, habe ich mir einen Platz gesucht, wo ich Gott täglich begegnen konnte, um mein Dunkel seinem Licht auszusetzen. Es war nichts, was ich auf meine tägliche *To-do*-Liste gesetzt hätte; es wurde einfach meine tägliche *Wer-bin-ich*-Begegnung.

Der rechte Platz dafür war die kleine Terrasse hinten in unserem Garten an dem Brunnen, wo das Wasser aus dem Maul eines Löwen sprudelt. Dort begann ich mich jeden Tag mit meinem himmlischen Vater zu treffen auf eine frische, vertrauensvolle Weise. Damit begann ein neues Abenteuer mit Gott. Ich benötigte dazu meine Bibel, ein Tagebuch, einen Stift, ein Gesangbuch, eine große Tasse Kaffee und eine Auswahl von Anbetungsliedern auf meinem Smartphone. Morgen für Morgen brachte ich die geheimen Lügen, die ich geglaubt hatte, ins Licht Gottes. Und ich ließ mir von ihm zusprechen, dass er mich auch in der Finsternis meiner Depression liebte.

Ich suche diesen Platz auch heute noch jeden Morgen auf. An manchen Tagen lese ich Liedtexte aus dem Gesangbuch und lasse die Worte über mich rieseln. Worte wie diese:

O love that wilt not let me go,
I rest my weary soul in thee;
I give thee back the life I owe,
that in thine ocean depths its flow
may richer, fuller be.

O light that followest all my way,
I yield my flickering torch to thee;
my heart restores its borrowed ray,
that in thy sunshine's blaze its day
  may brighter, fairer be.

O joy that seekest me through pain,
I cannot close my heart to thee;
I trace the rainbow through the rain,
and feel the promise is not vain
  that morn shall tearless be.[18]

O Liebe, die mich nie verlässt,
Ich berge meinen Schmerz in dir;
mein Leben geb ich dir zurück,
von dir durchflutet wird es dann
  viel reicher, voller sein.

O Licht, das meinen Weg verfolgt,
entflamme meine Fackel neu;
mit deinen Sonnenstrahlen bring
mein Herz zum Glänzen und erhell,
  erleuchte mir den Tag.

O Freude, die im Schmerz mich sucht,
abweisen könnte ich dich nie;
den Regenbogen seh ich stehn
und nehm ihn als Verheißung wahr,
  dass Trauer enden wird.

Oft lese ich auch in den Psalmen. Besonders gern beschäftige ich mich mit Psalm 23. Ich finde darin so viel Kameradschaft. Manche halten Psalm 23 für das erste Lied, das David verfasste, als er noch ein Junge war und Schafe hütete. An vielen Tagen habe ich den Psalm so gelesen, als wäre David mein kleiner Bruder und würde neben mir im Gras sitzen und mir erzählen, was er von unserem himmlischen Vater weiß.

> Der Herr ist mein Hirte, nichts wird mir fehlen.
> Er weidet mich auf saftigen Wiesen
> und führt mich zu frischen Quellen.
> Er gibt mir neue Kraft.
> Er leitet mich auf sicheren Wegen
> und macht seinem Namen damit alle Ehre.
> Auch wenn es durch dunkle Täler geht,
> fürchte ich kein Unglück,
> denn du, Herr, bist bei mir.
> Dein Hirtenstab gibt mir Schutz und Trost.
> Du lädst mich ein und deckst mir den Tisch
> vor den Augen meiner Feinde.
> Du begrüßt mich wie ein Hausherr seinen Gast
> und füllst meinen Becher bis zum Rand.
> Deine Güte und Liebe begleiten mich Tag für Tag;
> in deinem Haus darf ich bleiben mein Leben lang.
>
> *Psalm 23 (HfA)*

Vermutlich hat David es sich schon lange, bevor er Goliat gegenübergetreten ist oder sich mit König Saul auseinandersetzen musste, zur täglichen Gewohnheit gemacht, Gott zuzusingen, was in seinem Herzen war – nur in Gesellschaft von Schafen und Ziegen. Er kann damals noch nicht geahnt haben, dass er einmal für Sie und mich zum Gefährten werden würde – und was für ein Vorbild er abgeben würde.

An vielen Tagen singe ich mit Davids Worten. Ich kann seine Harfe nicht hören, also erfinde ich meine eigenen Melodien, aber ich kann einstimmen in das, was aus seinem Herzen kommt.

Es geht bei diesen täglichen Übungen des Bekennens und der Meditation nicht darum, etwas richtig zu machen. Vielmehr dienen sie dazu, dass unser himmlischer Vater immer vertrauter wird mit uns.

Ich frage mich, wie viel von Ihrer persönlichen Geschichte fest verschnürt und tief in Ihnen verborgen ist.

Das Problem mit schambesetzten Geheimnissen und Lügen ist, dass sie sehr glaubwürdig erscheinen, solange sie im Dunkeln sind. Sie verlieren ihre Macht, sobald sie dem Licht Gottes ausgesetzt sind und dem Licht der Gemeinschaft von gläubigen Geschwistern. Das ist vielleicht auch der Grund, warum wir Gnade nicht begreifen können, solange wir im Dunkeln sind. Gnade lebt im Licht; Gnade wird in Menschen wirksam, die wissen, dass sie irreparabel kaputt sind. Gnade ergießt sich in uns und zeigt uns, wie sehr Gott uns liebt und wie sehr er sich nach Gemeinschaft mit uns sehnt.

Wenn wir uns selbst als Geliebte Gottes erleben, ändert das auch unsere gegenseitige Wahrnehmung. Philip Yancey drückt es so aus:

„Einer, der wirklich von der Gnade angerührt worden ist, wird auf die, die vom Weg abkommen, nicht herabschauen und nicht sagen: ‚solche schlechte Menschen‘ oder ‚diese armen Leute, die unsere Hilfe brauchen‘. Wir sollten auch nicht nach Zeichen Ausschau halten, die uns beweisen, dass ‚solche Menschen‘ liebenswert sind. Die Gnade lehrt uns, dass Gott uns liebt, weil er als Gott so ist, und nicht, weil wir etwas darstellen."[19] Deshalb vertieft das Einüben des Wandelns im Licht die Gemeinschaft mit anderen Menschen, die ebenfalls im Licht wandeln – also auch die Gemeinschaft mit unseren Zufluchtsort-Schwestern.

Das Erlebnis der Liebe Gottes und der Liebe und des

Vertrautseins in der Gemeinschaft macht uns fähig, dass wir uns anderen in unserer Umgebung zuwenden können: Menschen, die leiden, Menschen, die sich so fühlen, als würde jeden Tag ein weiteres Stück in ihnen sterben. Wir haben eine lebensverändernde Wahrheit geschenkt bekommen, und zwar nicht nur für uns selbst, sondern um damit einer leidenden Welt zu dienen. Sie werden überrascht sein, wie sich Menschen in Ihrer Umgebung auf einmal trauen, ihr Inneres zu offenbaren, wenn Sie diese Wahrheit leben und ihnen mit offenen Händen und einem offenen Herzen begegnen. Sie werden auch überrascht sein, wie viel Sie anderen damit geben, wenn Sie Ihre schambesetzten Geheimnisse in Gottes Licht bringen und ins Licht seiner Gemeinde.

Ich bin heute dankbar für meine Geschichte. Wenn ich die Wahl gehabt hätte, hätte ich sie anders geschrieben, aber sie hat mich dahin gebracht, wo ich heute bin – geschätzt und von Herzen geliebt. Das wünsche ich auch Ihnen. So lange ich noch Luft zum Atmen in mir habe und bis ich Jesus von Angesicht zu Angesicht sehe, will ich meiner Berufung folgen: „Aber mein Leben ist mir nicht wichtig. Vielmehr will ich bis zum Schluss den Auftrag ausführen, den mir Jesus, der Herr, gegeben hat: die rettende Botschaft von Gottes Gnade zu verkünden" (Apostelgeschichte 20,24; HfA).

Hoffnungs-Zeichen

Ich führe ein Dank-Tagebuch. Jeden Tag versuche ich bewusst auf Dinge zu achten, für die ich danken kann. Jeder Morgen, an dem ich erwache, ist ein Geschenk. Genau wie das Lächeln einer Verkäuferin im Laden, wie das freundliche Schwanzwedeln eines Hundes oder wie die sachte Berührung durch die Schulter meines Mannes, von dem ich weiß, dass er ebenso müde ist wie ich.

Ein Dank-Tagebuch – das kann ich Ihnen empfehlen. Es wird Ihnen anfangs möglicherweise etwas gezwungen vorkommen, aber es verändert sich etwas in uns, wenn wir nicht länger auf das fixiert sind, was nicht funktioniert, und stattdessen für das danken, was funktioniert. Halten Sie inne, wenn Sie spüren, dass Frust in Ihnen aufkommt. Sie werden bestimmt einen Grund finden, Gott zu danken.

Wir werden in der Bibel immer wieder aufgefordert, ein dankbares Herz zu entwickeln. Hier sind ein paar Verse, über die zu meditieren sich lohnt. Betrachten Sie, was für unterschiedliche Ausprägungen von Dankbarkeit es gibt. Sie können darum bitten, dass sie all das in Ihrem Leben erfahren. Und dann können Sie sich fragen: Wofür kann ich heute dankbar sein?

> Dies ist der Tag, den der HERR gemacht hat;
> wir wollen uns freuen und fröhlich sein in ihm!
>
> *Psalm 118,24; S*

Dankt Gott in jeder Lage!
Das ist es, was er von euch will und was er euch
durch Jesus Christus möglich gemacht hat.

1. Thessalonicher 5,18; NGÜ

Dankt dem Herrn, denn er ist gut zu uns!
Seine Liebe hört niemals auf.

Psalm 136,1; GN

Auf uns wartet also ein neues Reich,
das niemals erschüttert wird.
Dafür wollen wir Gott von Herzen danken
und ihm voller Ehrfurcht dienen,
damit er Freude an uns hat.

Hebräer 12,28; HfA

Im Namen unseres Herrn Jesus Christus
dankt Gott, dem Vater, zu jeder Zeit und für alles!

Epheser 5,20; HfA

...

12. Wunder inmitten des Durcheinanders

Eine Narbe entsteht, wenn das Wort Fleisch geworden ist.

Leonard Cohen, The Favourite Game

Der Tag hatte eigentlich gar nicht außergewöhnlich angefangen. Es war ein Donnerstag, und ich tat, was ich an tausend anderen Donnerstagen auch schon getan hatte: Ich setzte mich ins Auto und wollte zum Flughafen fahren. Mein Gepäck war im Kofferraum verstaut, auf der Rückbank lagen meine Aktentasche und meine Jacke, und eine Reiseration Kaffee im Thermosbecher hatte ich auch dabei. Mit einem Knopfdruck auf die Funkfernsteuerung öffnete ich das Garagentor, startete den Motor und wollte gerade den Rückwärtsgang einlegen, da ließ mich etwas innehalten. Ich rätselte einen Augenblick, was los war.

Hatte ich etwas vergessen?

Nein. Das war es nicht.

Hatte ich die Terrassentür abgeschlossen?

Ganz bestimmt. Das war es also auch nicht.

Da ging mir auf, dass sich wieder mal ein heiliger Moment ankündigte. Die Stimme Gottes meldete sich in mir.

Er machte sich nicht akustisch bemerkbar, aber irgendwo tief in mir hatte ich den starken Eindruck, dass die leise, feine Stimme Gottes mir etwas zuflüstern wollte. Ich stieg aus dem Auto und stand schweigend an der Fahrertür und versuchte auf dieses leise Flüstern zu lauschen. Wie ich so dastand, die Hände erwartungsvoll erhoben, spürte ich, dass ich einen neuen Auftrag zugewiesen bekam.

Die letzten zwanzig Jahre hatte ich mich stets auf das Mandat verpflichtet gefühlt, das der Apostel Paulus gegenüber den Christen in Thessalonich empfunden hatte: „Aus Liebe zu euch waren wir nicht nur dazu bereit, euch Gottes rettende Botschaft zu verkünden, sondern auch unser ganzes Leben mit euch zu teilen" (1. Thessalonicher 2,8; HfA). Bei meinen Vorträgen hatte ich die Kraft des Wortes Gottes zusammen gebracht mit dem Erbarmen, das Gott mir in meiner Zerbrochenheit erwiesen hatte. Aber als ich dort in der Garage stand, fragte ich mich, ob sich daran etwas ändern sollte. Vielleicht war es an der Zeit, meine Geschichte hinter mir zu lassen? War es das, was Gott von mir wollte? Das fragte ich ihn direkt, aber ich spürte: Nein, auch das war es nicht. Im selben Moment empfand ich das sonderbare, aber überwältigende Verlangen, größer zu sein. Das ist eine sportliche Herausforderung, denn ich bin nur 1,62 m groß. Ich versuchte mich also lang zu machen, so gut es ging, und hatte den Eindruck, ich müsse strammstehen und militärische Anweisungen entgegennehmen. Ich fühlte mich berufen, auf eine neue Art zu kämpfen. Ich wusste zu dem Zeitpunkt nicht, was das konkret bedeuten würde, aber ich hörte mich selbst laut sagen: „Ja, Herr!" So stand ich noch einige Augenblicke in der Garage mit erhobenen Händen und bereit, mich auf das einzulassen, was Gott mit mir vorhatte.

Der Moment verging, ich setzte mich wieder ins Auto,

startete den Motor und fuhr zum Flughafen, wo ich ein Flugzeug nach Springfield, Missouri, bestieg. Ich sollte dort auf einer großen Frauenkonferenz der James River Church sprechen. Schon früher war ich Gast von Pastor John Lindell und seiner Frau Debbie gewesen. Debbie hatte einen heftigen Kampf gegen den Brustkrebs hinter sich, aber durch gemeinsame Freunde hatte ich erfahren, dass Debbie sich von Gott erneut zum Dienst gerufen fühlte. Ich wollte sie unbedingt treffen. Mehr noch, ich wollte unbedingt erleben, was Gott tun würde.

Als ich am Abend dieses Tages in den Raum für die Künstler hinter der Bühne eskortiert wurde, musste ich grinsen. Der Raum war überbordend dekoriert. Es gab Platten mit Gebäck, das in rosa und weißem Zuckerguss mit dem Wort *BELIEVE* beschriftet war, dem Motto der Konferenz. Auf jedem der kleinen Tische waren rosafarbene und weiße Rosen kunstvoll arrangiert, und fröhliches Geplauder erfüllte den Raum – wie so oft zum Auftakt einer solchen Konferenz. Drei Rednerinnen sollten das Wochenende bestreiten – Debbie Lindell, Darlene Zschech und ich. Wir hatten uns nicht vorher abgestimmt wegen dem, was wir jeweils vortragen wollten, aber wir waren zuversichtlich, dass Gott die jeweiligen Vorträge von uns dreien zu einer machtvollen Botschaft verweben würde. Die Kraft Christi sollte aus unseren Worten sprechen.

Debbie Lindell machte den Anfang. Sie sprach über den gerade durchgestandenen Kampf – über den Weg durchs Dunkel, wenn der Krebs ins Leben einbricht. War das Leben bis dahin ein breiter, gut ausgeleuchteter Weg, so verwandelt es sich mit einem Mal in einen beängstigend finsteren Tunnel, so drückte Debbie es aus. Das Leben wird zu einem einzigen Kampf gegen den Drachen, der sich im Körper breitgemacht hat. Debbie sparte nichts aus und machte klar, dass es ein erbitterter Kampf gewesen war, und doch war Stärke spürbar in jedem Wort, das sie sprach. Debbies Kampf gegen den Krebs hatte ihre Stärke nicht vermindert, sondern vielmehr genauer abgestimmt. Als ich sie an diesem Abend auf der Bühne beobachtete, sah ich die Schönheit, die dort entsteht, wo ein meisterhafter Schöpfer die Scherben des Zerbruchs in die Hand nimmt.

Debbies Mut und ihre Fähigkeit, offen über ihren Kampf zu sprechen, beraubten die Krankheit, die den Körper von Frauen verunstaltet und oft auch ihre Seelen verwundet, ihrer Macht. Debbie sprach offen über die Furcht, die stets im Schatten jeder Diagnose lauert – besonders jeder Krebsdiagnose. Indem sie es aussprach, wurde klar, dass ihre Geschichte nicht nur vom Überleben handelte. Es ging um etwas Größeres als das.

Sie durchschritt mit uns zusammen ihren Tunnel der Angst und half uns zu erkennen, dass Jesus Christus mit ihr gegangen war und ihr beigestanden hatte, auch in ihren schlimmsten Momenten. Sie behauptete nicht, dass der Weg leicht gewesen wäre, aber sie hatte ihn bewältigt durch die Kraft Christi, und nun stand sie da vor uns und rief uns heraus aus unseren jeweiligen furchtbesetzten Verstecken. Sie erinnerte uns daran, dass alles davon abhängt, was wir über unser Leben denken.

Wenn wir glauben, dass wir geliebt sind, dann werden wir wie Geliebte leben.

Wenn wir glauben, dass wir stark sind in der Kraft Gottes, dann werden wir stark leben.

Wenn wir glauben, dass Christus uns auch in unserer Furcht nah ist, dann werden wir tapfer sein.

Wenn wir glauben, dass Christus jeden Morgen unseres Lebens bei uns ist, dann wird er auch um Mitternacht bei uns sein.

Als Nächste sprach Darlene Zschech. Ich kannte sie als kraftvolle Anbetungsleiterin. Ihr Lied „Shout to the Lord"[20] wird in Gemeinden überall auf dem Globus gesungen. Ich hatte schon erlebt, wie vollmächtig sie Menschen in die Anbetung leitet, aber ich hatte sie noch nie als Vortragsrednerin gehört. Es war beeindruckend. Sie las die folgende Passage aus dem Buch Jesaja vor:

> Er gibt den Müden Kraft
> und die Schwachen macht er stark.
> Selbst junge Leute werden kraftlos,
> die Stärksten erlahmen.
> Aber alle, die auf den Herrn vertrauen,
> bekommen immer wieder neue Kraft,
> es wachsen ihnen Flügel wie dem Adler.
> Sie gehen und werden nicht müde,
> sie laufen und brechen nicht zusammen
> (Jesaja 40,28-31; GN).

Ich habe schon einige großartige Ansprachen zu diesem Text gehört, aber keine so unaufgeregt, bestimmt und schön vorgetragen, wie Darlene hier darüber sprach, was es bedeutet, auf den Herrn zu warten. Sie stand da auf der Bühne mit verschränkten Armen und klopfte ungeduldig mit dem Fuß – in der Art von Erwartungshaltung, die wir allzu gut kennen. Ihre Körpersprache war eindeutig – *Komm schon, Gott, beeil dich!*

Die angemessene Art des Wartens, sagte sie, sei eine andere. Sie stand still und lehnte sich erwartungsvoll nach vorne. Sie signalisierte Vorfreude. Es war das eindrückliche Bild einer geliebten und geschätzten Tochter, die auf das nächste Wort ihres Vaters gespannt ist. Das Bild wäre auch dann ansprechend gewesen, wenn sie diese Haltung an den sonnigen Stränden ihres Heimatlandes Australien gelernt hätte, aber auch Darlene hat sie in dunklen Nächten des Kampfes gewonnen.

Als sie von ihren eigenen Erfahrungen mit dem Krebs erzählte, wurde der Abschnitt aus dem Buch Jesaja vor unseren Augen lebendig. Sie sprach von Tagen, an denen ihre Kraft bis auf den letzten Rest aufgezehrt war und sie nur noch warten und auf Christus hoffen konnte. Wo war er inmitten des Schmerzes und der Furcht?

Darlene berichtete uns von ihrer Erschöpfung an einem bestimmten Tag, als die Wirkung der Chemotherapie und das Leiden an Leib und Seele sie schier überwältigten. Sie hatte das Smartphone neben sich am Bett liegen, und als vertraute Töne den Eingang einer SMS signalisierten, nahm sie das Telefon und schaute nach, wer ihr da geschrieben hatte. Es war eine Botschaft von Debbie Lindell. Die beiden hatten vorher nie in regelmäßigem Kontakt gestanden, aber Debbie hatte den Drang verspürt, sich bei dieser Tausende von Kilometern entfernten Schwester in Australien zu melden und ihr zu sagen: „Ich weiß, wie dir zumute ist. Du wirst das durchstehen."

Das war genau die Erinnerung, die Darlene gebraucht hatte: Sie musste wissen, dass sie nicht alleine war. Und diese Botschaft war ein reines Geschenk der Hoffnung und Lebensbejahung. Debbie hatte Gemeinschaft angeboten, war für Darlene das geteilte Brot und der vergossene Wein geworden, der Leib Christi in Aktion. Ihre SMS hatte den Bann der Lüge gebrochen, wonach Darlene es nicht schaffen würde, und hatte ihr das Leben zugesprochen in die tiefste Furcht und Verzweiflung hinein.

Mit einer kleinen Geste hatte Debbie in Darlenes dunkelste Phase hineingewirkt. Und diese Geste wurde für die fünftausend Frauen in jener Halle zu einem wunderbaren Bild. An Darlene und Debbie konnten sie erkennen, was das bedeutet – einander Zuflucht zu gewähren, Lügen, Furcht

und Scham zu entlarven und quälende Geheimnisse aufzudecken. Darlene hat den tief greifenden Trost Christi erfahren, und zwar dadurch, dass Gott diesen Trost einer anderen
Frau ans Herz gelegt hatte – sie sollte Darlene diesen Trost in
einem ihrer dunkelsten Momente zusprechen. Erkennen Sie
die Schönheit und Gnade dieses Vorgangs? Gott hätte einfach
sagen können: „Ich bin alles, was du brauchst." Stattdessen
schickte er ihr da, wo sie es am nötigsten hatte, eine Freundin,
die ihr sagte: „Auch ich bin für dich da." Christus begegnet
uns in Geschwisterlichkeit und in der sicheren Umgebung
von Gemeinschaft. Das brachte Darlene klar zum Ausdruck.

Als sie ihren Vortrag beendet hatte, bat sie die Frauen,
die selbst auch mit Krebs zu kämpfen hatten, sich zu zeigen. Und dann betete sie für die, die aufgestanden waren. Es
war eine machtvolle Demonstration. Die Kraft Christi, die
Debbie Lindell an Darlene weitergereicht hatte, machte nun
die Runde in dieser Arena voller Frauen. Tränen flossen, und
Hoffnung erfüllte den Raum. Das war kein üblicher „Hei-
lungs"-Gottesdienst, jedenfalls nicht in der Art, wie ich es bis
dahin verstanden hatte. Es war etwas Größeres. Da war eine
Erkenntnis im Raum: Einige der Frauen in der Halle würden
ihren Kampf gegen den Krebs vermutlich verlieren, aber es
galt eine viel entscheidendere Schlacht zu gewinnen: nämlich
die Schlacht gegen Furcht, gegen Einsamkeit und gegen die
schambesetzten Lügen, die wir uns selbst sagen. Indem wir
uns als Schwestern begegneten, wurde deutlich: Wir müssen
unsere jeweiligen Verletzungen nicht alleine tragen.

Ich sollte am Tag darauf sprechen, und als ich am nächsten
Morgen aufwachte und mein Konzept durchsah, überlegte
ich, ob ich meinen Vortrag nicht abändern sollte. Ich war
mir nicht sicher, ob mir mein Erlebnis mit Gott in der Garage eine neue Richtung gewiesen hatte. Also verteilte ich
meine Zettel und meine Bibel auf dem Bett und ging auf die
Knie, um zu beten.

Hier bin ich, Herr. Ich breite alles vor dir aus, was mich hierhergebracht hat. Ich gebe es dir, ohne jeden Vorbehalt. Mach mit mir und mach durch mich, was du willst. Danke für die Ehre, dass ich deinen Namen tragen darf. Danke für die Narben, die mich dir nähergebracht haben.

Ich hatte drei Viertel meines vierzigminütigen Vortrags gehalten, als mir klar wurde, dass ich den Schluss abändern sollte. Ich hatte vorgesehen, am Ende Frauen zum Altar einzuladen, die auf Gottes Ruf reagieren wollten. Aber wozu ich mich nun gedrängt fühlte, das war nicht die Sorte von Aufruf, die ich jemals selbst gemacht oder gehört hatte. Ich hielt einen Moment inne, um auf Gottes Wink hin diese neue Richtung einzuschlagen. Und so stellte ich den versammelten Frauen dann die undenkbare Frage: Ist jemand hier im Saal, der genau wie ich schon mal einen Suizidversuch unternommen hat oder geplagt worden ist von sehr dunklen Gedanken, von Selbstmordgedanken?

Anschließend fragte ich: „Wenn es Ihnen wie mir geht, wären Sie bereit, zu mir nach vorne zu kommen?"

Die nächsten Momente werde ich nie vergessen. Überall im Saal standen Frauen auf und gingen Richtung Bühne. Sie kamen von ganz hinten, sie kamen von den oberen Rängen herab. Es mussten Hunderte sein. Ich stand da, Tränen strömten mir übers Gesicht, als ich sie anblickte. Manche waren noch Teenager, andere in den Siebzigern. Ich dachte zurück an Nächte, in denen ich geglaubt hatte, ich sei der einzige Christ weltweit, der mit Suizidgedanken zu kämpfen hatte. Aber als die Frauen dort durch die Gänge strömten, sah ich, wie viele es waren. Einige der Frauen hatten ihr ganzes Leben lang mit so dunklen Gedanken zu tun gehabt, andere erst seit Kurzem. Hier waren sie alle versammelt, und mir kam der Gedanke: Wir waren nicht allein.

Etwas in mir wuchs dort auf der Bühne, und ich schwöre,

meine 1,62-m-Statur streckte sich in Richtung 1,80. Ich fühlte mich grimmig entschlossen. Ich blickte auf die Frauen, die an ihren Plätzen geblieben waren, die Gemeinschaft der Frauen, die nicht unter Suizidgedanken oder Depressionen litten, und ich bat sie alle, ihre Hände zu den kämpfenden Töchtern Gottes auszustrecken als ein Zeichen, dass wir zusammenstanden. Dann betete ich.

Ich bat Gott, er möge mit seinem Licht in unsere Dunkelheit hineinleuchten.

Ich bat ihn, Hoffnung hineinzuatmen in den Sumpf der Verzweiflung.

Ich bat Gott darum, dass er mit seiner Wahrheit die Lügen aufdecken möge, die wir alle so lange geglaubt hatten.

Dann schloss ich mit einem Bibelvers, den ich schon als Kind geliebt habe:

Der Herr ist mein Licht und mein Heil, vor wem sollte ich mich fürchten?

Der Herr ist meines Lebens Zuflucht, vor wem sollte ich erschrecken? (Psalm 27,1; E).

Ich habe die ersten Verse von Psalm 27 in meinem Leben schon Hunderte Mal weitergegeben. Aber an diesem Abend rief ich zum ersten Mal die letzten beiden Verse von Psalm 27 laut aus über uns allen, die wir im Licht Gottes stehen wollten. Und an jenem Abend glaubte ich diese Worte:

„Ich bin gewiss, dass ich am Leben bleiben und sehen werde, wie gütig der Herr ist.

Hoffe auf den Herrn, sei stark, und dein Herz fasse Mut – ja, hoffe auf den Herrn!" (Psalm 27,13f.; NGÜ).

Als ich diese Verse deklamierte, wurde mir eines sonnenklar. Wenn wir versuchen, unsere Verletzungen zu verbergen, unsere Narben, unseren Krebs, all das, von dem wir glauben, dass es uns weniger liebenswert macht, dann machen wir die Furcht und die Scham zur Zuflucht unseres Lebens. Aber wenn wir unsere Wunden zu Jesus Christus tragen, wenn wir unsere hässlichen Geheimnisse und unsere Scham vor ihm offenlegen, dann machen wir ihn zur Zuflucht unseres Lebens, und er wird unsere Wunden für seine Zwecke nutzen. Er macht etwas Schönes aus uns.

Das ist das schiere Gegenteil von dem, was wir für wahr halten. Können Sie sich vorstellen, wie die Kirche aussehen würde, wenn wir uns alle mutig und verständnisvoll die Wahrheit sagen würden? Es ist ja nicht so, dass wir Modell stehen wollten für Depressionen oder Krebs oder Enttäuschungen oder Kämpfe – es geht nur darum, dass all diese Dinge an ihren rechten Platz kommen. Ja, schlimme Dinge passieren, aber wir sind nicht allein. Jesus hat uns vorbereitet.

Wenn Sie in Ihrer Familie oder im Freundeskreis betroffen waren von einem Suizid, dann werden Sie wissen, dass Selbsttötung von vielen Menschen als ein Akt der Feigheit betrachtet wird. In manchen Fällen mag das auch stimmen. Wenn jemand ein Beziehungschaos angerichtet oder sich finanziell in die Misere geritten hat, dann mag Suizid als einfacher Ausweg erscheinen. Aber bei den vielen, die an psychischen Erkrankungen gelitten haben, heißt Selbsttötung: Sie haben vollends den Halt verloren. Für diese traurigen Krieger ist Suizid kein einfacher Ausweg, sondern das Einzige, was in dem Moment für sie überhaupt noch einen Sinn zu ergeben scheint. Die dunkle Nacht der psychischen Erkrankung droht sie zu ersticken. In derartiger Verzweiflung kann man kaum klar denken. Man will nur, dass der Schmerz aufhört.

Ich nahm einmal an der Beerdigung eines jungen verheirateten Mannes teil, der sich nach einem langen Kampf gegen lähmende Depressionen das Leben genommen hatte. Es war eine bedrückende Veranstaltung. Nach der Trauerfeier gingen noch viele mit der Familie zum Beerdigungskaffee. Als die junge Witwe den Saal verließ, machten ein paar Leute Bemerkungen von dem Kaliber, die Selbsttötung sei ja wohl feige gewesen.

Mit Tränen in den Augen sagte ich: „Sie sehen nur, dass er sein Leben mit sechsundzwanzig Jahren beendet hat. Sie übersehen, dass er vorher tapfer sechsundzwanzig Jahre lang gekämpft hat, dass er Ja gesagt hat zum Leben und zu Jesus Christus." Ich behaupte nicht, dass ich verstehe, was in den letzten Momenten zwischen einem zerbrochenen Gläubigen und dem leidenden Gottesknecht, dem auferstandenen Jesus Christus geschehen ist, aber das eine glaube ich fest: Wenn verzweifelte Kinder Gottes sich das Leben nehmen, hat Gott sie zwar noch nicht zu sich nach Hause gerufen, aber er heißt sie willkommen.

Ich predigte vergangenes Jahr in einer kleinen Kirche irgendwo in den Neuenglandstaaten und erzählte von der Selbsttötung meines Vaters. Ich sprach von meiner Gewissheit, dass mein Dad zu Hause bei Christus ist. Nach dem Gottesdienst brachten zwei Frauen ein junges Mädchen zu mir. Sie war vielleicht sechzehn Jahre alt, mit langem schwarzen Haar, bleicher Haut und eingefallenen Augen. Sie weinte so heftig, dass sie kaum stehen konnte, also setzten wir uns auf die Stufen, die zur Kanzel führten. Schließlich berichtete sie mir vom langen Kampf ihres Vaters mit einer psychischen Erkrankung. Sie sagte, er sei ein wunderbarer Vater gewesen, der Jesus und seine Familie von Herzen liebte, aber eines Nachts hatte er sich das Leben genommen. Ihre nächsten Worte waren herzzerreißend: „Sie haben mir gesagt, mein Dad sei in der Hölle, weil er sich das Leben genommen hat."

Was für eine Grausamkeit im Namen des christlichen Glaubens! Selbsttötung mag eine Sünde sein, aber es ist nicht die eine Sünde, für die es keine Vergebung gibt. Der einzige wirklich unverzeihliche Fehler, den ein Mensch machen kann, ist die bewusste Absage an Jesus Christus. Denken Sie an die starke, glorreiche Gewissheit des Apostels Paulus: „Ich bin ganz sicher: Weder Tod noch Leben, weder Engel noch Dämonen, weder Gegenwärtiges noch Zukünftiges noch irgendwelche Gewalten, weder Hohes noch Tiefes oder sonst irgendetwas auf der Welt können uns von der Liebe Gottes trennen, die er uns in Jesus Christus, unserem Herrn, schenkt" (Römer 8,38f.; HfA).

Nichts, nichts, nichts kann uns jemals trennen von Gottes Liebe.

Wenn es Ihnen wie mir geht, wenn Sie also mit dunklen Gedanken, Suizidgedanken zu kämpfen haben oder mit irgendeinem Drang, sich selbst zu verletzen, dann lade ich Sie ein, mit mir zu beten. Sie können sich das Gebet auf eine Karte schreiben oder es sich als Screenshot aufs Smartphone schicken, damit Sie es immer mit sich führen, wenn die Dunkelheit zuschlägt. *Denn Sie sind nicht allein.* Wenn die Dunkelheit kommt, fühlen Sie sich möglicherweise allein, verlassen und verängstigt. Ich weiß, wie Verzweiflung schmeckt, und ich kenne die Lüge, die einem einredet, dass es für alle besser wäre, wenn man nicht mehr da wäre. Es hört sich wahr an, aber es kommt aus dem Abgrund der Hölle. Wir stehen zusammen und erklären im Namen Jesu unsere Gewissheit, dass wir am Leben bleiben und sehen werden, wie gütig der Herr ist.

> *Herr Jesus Christus,*
> *ich bin zerbrochen, aber du bist gestorben, damit ich Heilung finden kann.*
> *Du hast Ablehnung erlebt, damit ich voll und ganz angenommen sein kann.*
> *Ich wähle in deinem machtvollen Namen das Leben.*

*Ich bin dein geliebtes Kind an Tagen, an denen ich es
spüre, und genauso an Tagen, an denen ich es nicht spüre.
Ich weigere mich, noch länger auf die Lügen des Feindes
zu hören, und ich bekenne hier und jetzt im Namen Jesu,
dass ich leben werde!
Amen.*

Genau so soll es sein, meine Freundin.

Jesus hat uns kein problemloses Leben versprochen. Aber
dafür etwas ganz anderes. Im Johannesevangelium sagt Jesus: „Dies alles habe ich euch gesagt, damit ihr durch mich
Frieden habt. In der Welt werdet ihr hart bedrängt, aber lasst
euch nicht entmutigen: Ich habe diese Welt besiegt" (Johannes 16,33; HfA).

„Dies alles" hat Jesus gesagt im Hinblick auf die Anfech-
tungen und Prüfungen, denen seine Jünger ausgesetzt sein
würden. In den vorhergehenden Kapiteln des Johannesevangeliums hat Jesus seine Jünger auf kommende Verfolgungs-
zeiten vorbereitet, und tatsächlich hat es Zeiten gegeben, in
denen Leute, die Christen verfolgt und umgebracht haben,
meinten, sie würden Gott damit einen Gefallen tun. Dennoch hat Jesus seinen Leuten versichert, dass sie Frieden inmitten der Dunkelheit der Welt erleben können, denn er hat
die Welt besiegt. In wenigen Sätzen hat Jesus entmystifiziert,
was es bedeutet, ihm auf dieser Erde nachzufolgen. Das Leben mit Jesus würde anstrengend und herausfordernd sein,
aber die entscheidende Schlacht hat Jesus bereits gewonnen.
Und Jesus ist denselben Weg gegangen, den er seinen Jüngern empfohlen hat. Er hat sein Leiden erduldet um des
Heils der Welt willen.

Jeder Satz in der Geschichte von Jesus ist eine Melodie, in
die einzustimmen wir eingeladen sind. Mit seinen Wunden
hat er unsere Heilung bezahlt. Denken Sie an die Worte aus
dem Buch Jesaja:

Fürwahr, er trug unsre Krankheit und lud auf sich unsere Schmerzen. Wir aber hielten ihn für den, der geplagt und von Gott geschlagen und gemartert wäre. Aber er ist um unsrer Missetat willen verwundet und um unsrer Sünde willen zerschlagen. Die Strafe liegt auf ihm, auf dass wir Frieden hätten, und durch seine Wunden sind wir geheilt (Jesaja 53,4f; L).

Die Wahrheit von Jesaja 53 ist vielschichtig. So viel ist allerdings klar: Jesus Christus hat die Strafe für die Sünden der ganzen Welt auf sich genommen, und so können Sie und ich Frieden mit Gott bekommen, wenn wir uns Jesus anvertrauen. Die Wunden, die ihm zugefügt wurden, überbrücken die Kluft, die zwischen uns und dem heiligen Gott bestand. Aber ich glaube, dass es um noch mehr geht. Jesus hat auf jede erdenkliche Weise gelitten, auf die auch wir leiden. Tod, Leben, Verrat, Verlassenwerden, unvorstellbare Schmerzen. Jesus hat uns die harten Tatsachen nicht verschwiegen, also müssen wir uns damit auseinandersetzen. Das ist kein Zufall. Er hat seine Geschichte und sein Leiden mit uns geteilt, mit seiner Familie des Glaubens. Und wenn wir anderen sagen, wie seine Geschichte uns Leben gebracht hat, dann geben wir damit einer Welt Zeugnis, die verzweifelt auf Heilung angewiesen ist.

Wenn Sie Jesus nachfolgen, dann haben Sie eine kraftvolle Geschichte zu erzählen. Ihre Autorität liegt in Ihren Narben. Ich kann nichts über Dinge sagen, mit denen ich nie selbst zu tun hatte. Ich kann nur meine eigene Geschichte erzählen, kann Christus dort hinein einladen, und dann kann ich Ihnen daran Anteil geben. Und genauso können Sie es machen.

Unsere Lebensgeschichten sind unterschiedlich. Vielleicht leben Sie mit der Enttäuschung einer Ehe, die so ganz anders verlaufen ist, als Sie es sich erhofft und erträumt haben.

Vielleicht haben Sie am Arbeitsplatz zu kämpfen oder in der Gemeinde oder in Ihrer Familie. Vielleicht haben Sie

Stress mit der Schwiegermutter. Oder vielleicht fühlt es sich so an, als habe jemand Ihren perfekten Plan durchkreuzt.

Vielleicht fühlen Sie sich auch einfach nicht wohl in Ihrer Haut; vergleichen sich mit anderen Frauen und schneiden dabei Ihrer Meinung nach nicht gut ab.

Es kann auch mit Ihren Kindern zusammenhängen. Oder im Gegenteil mit unerfülltem Kinderwunsch, wenn Sie unablässig um ein Kind gebetet haben, aber Monat für Monat das Gebet an der Zimmerdecke abzuprallen schien.

Wenn man die Gesundheit verliert, ist es nicht einfach, nicht auch noch die Hoffnung zu verlieren. Auch das Älterwerden ist mit ganz eigenen Herausforderungen verknüpft – wenn man auf einmal Hilfe braucht bei Dingen, die man bis dahin ganz gut alleine erledigen konnte.

Ganz gleich, wie die Umstände in Ihrem Fall sind, wahr ist auf jeden Fall: Sie haben Ihre persönliche Geschichte, und jede Geschichte hat ihre ganz eigene Problematik. Sie können Ihre Geschichte vor Jesus Christus ausbreiten und loslassen. Sie können ihn beginnen lassen, an Ihnen heilsam zu wirken, hier und jetzt, inmitten Ihrer gegenwärtigen Problemlage. Sie können Ihre Geschichte auch Ihren Schwestern offenbaren, können ihnen damit signalisieren, dass sie nicht allein sind. Tatsächlich bin ich darauf angewiesen, Ihre Geschichte zu hören, und andere Frauen haben es ebenfalls nötig. Im Sakrament des Teilens fühlen wir uns nicht so allein, und wir schaffen damit sichere Räume, in denen andere zugeben können: „Mir geht es auch so." Ihr und mein Vorbild erlauben es ihnen, auch ihre Geschichten des Schmerzes zu Jesus Christus zu bringen und von ihm Heilung zu erwarten. Im Sakrament des Teilens lernen wir auch zu verstehen, wie sehr wir geliebt und akzeptiert sind von Christus – und von den Schwestern, die er und denen er uns zugewiesen hat. Gemeinsam können wir Kraft für dieses schöne, zerbrochene Leben gewinnen.

Indem wir unsere Scham und unsere Furcht zur Zuflucht unseres Herrn bringen, ahmen wir Jesus Christus und sein Verhalten nach. Und indem wir wie er unsere Scham und Furcht überwinden und indem Jesus Christus in unserem Leben Auferstehung bewirkt, können wir zu Leuchttürmen der Hoffnung werden. Wollen Sie nicht auch ein Leben dieser Art führen?

Das ist schließlich mein Gebet. Das Leben, das ich führe, soll so offen sein für Jesus Christus, dass er mich durch und durch kennt. Auch meine Geheimnisse, auch meine Scham. Ich hoffe außerdem, dass ich wie die samaritanische Frau am Jakobsbrunnen werde, die nach ihrer Begegnung mit Jesus in die Welt ging und ihren Mitmenschen verkündete: „Da ist einer, der mir alles gesagt hat, was ich getan habe. Kommt mit und seht ihn euch an!" (Johannes 4,29; GN).

Obwohl Jesus die desolate Situation ihres Lebens durchschaute, fühlte sie sich von ihm komplett geliebt und angenommen. Und diese Liebe und Akzeptanz hat ihr den Mut verliehen, anderen eine Brücke zu Jesus Christus zu bauen. Das ist nicht nur ihre Geschichte, das kann auch unsere Geschichte sein. Wenn wir unsere schambehafteten Geheimnisse zu Jesus Christus bringen und bei ihm Heilung finden, wenn wir seine Liebe und Annahme erfahren, dann wollen wir nichts mehr, als dass auch andere diese Erfahrung machen. Und wenn die Welt sieht, wie ein Mensch nach dem anderen in die heilsame Gegenwart Jesu Christi tritt, werden noch viel mehr Menschen davon angezogen.

Diese Art bekenntnismäßigen Lebens ist keine Sonntagvormittagsveranstaltung, beschränkt sich auch nicht auf den Mittwochabend. Es ist eine Art Berufung, die rund um die Uhr, sieben Tage die Woche gilt – und auch unter den turbulentesten Bedingungen. Es ist die Berufung, Menschen diese glorreiche, revolutionäre Botschaft nahezubringen:

Das Volk, das im Dunkeln lebt, sieht ein großes Licht; für alle, die im Land der Finsternis wohnen, leuchtet ein Licht auf (Jesaja 9,2; GN).

Das halte ich für eines der größten Wunder überhaupt: Wenn wir dieses offene, transparente, wunderbar gebrochene Leben führen, werden wir wahre Stärke darin finden, dass wir schließlich begreifen, was wir schon immer waren: nämlich geliebte und geschätzte Töchter Gottes, unseres Vaters.

Hoffnungs-Zeichen

Als Christian noch ein kleiner Junge war, hatten wir ein Schlafengehen-Ritual. Sobald er im Bett war, nach der Gute-Nacht-Geschichte und dem Abendgebet, ging ich zur Tür, hielt inne, machte kehrt und stellte Christian die Frage: „Welchen Jungen hat Mommy lieb?"

Und dann legte er seine kleine Hand auf sein Herz und sagte mit einem breiten Grinsen: „Diesen Jungen!"

Er sagte das mit unumstößlicher Überzeugung, denn er wusste, dass es wahr war. Er war und ist geliebt und geschätzt.

Dasselbe sollen auch Sie erleben, das ist mein Wunsch. Ich habe gebetet und geweint bei der Entstehung dieses Buches, denn ich wünsche mir so sehr, dass Sie im tiefsten Innern begreifen: Sie waren nie dazu berufen, vollkommen zu sein. Aber Sie sind vollständig geliebt.

2017 haben wir den 500. Jahrestag von Martin Luthers Thesenanschlag am Portal der Schlosskirche von Wittenberg gefeiert. Das war der Beginn der protestantischen Reformation. Über viele Jahre hatten Gläubige versucht, religiösen Forderungen gerecht zu werden und alles richtig zu machen. Von Luther selbst ist bekannt, dass er sich stundenlang den Kopf zermarterte, um ja keine noch so kleine Sünde zu vergessen, aber auch noch so häufiges Bekennen verschaffte ihm keinen Trost. Eines Tages ging ihm beim Studium des Römerbriefes buchstäblich ein Licht auf. Luthers revolutionäre Erkenntnis war, dass Sünder aus Gnade und durch Glauben gerechtfertigt werden und nicht etwa, weil sie alles richtig gemacht haben. Diese Botschaft der Gnade verwandelte ihn. Und so soll es auch sein. Es ist die beste Nachricht von allen.

Sie sind geliebt.
Sie sind angenommen.
Sie sind berufen, wirklich, authentisch,
unnachahmlich Sie selbst zu sein.

Diese Art von Liebe verändert unseren Blick auf unser jeweiliges Durcheinander oder Chaos im Leben. Das Durcheinander ist zeitlich begrenzt, aber die Liebe begleitet uns den ganzen Weg nach Hause.

Ich habe zum guten Schluss noch einen Vorschlag an Sie: Jedes Mal, wenn Sie Ihr Spiegelbild sehen – in einer Schaufensterscheibe, einer Pfütze, einem Spiegelbild, immer dann ist Gelegenheit, dass Sie sich fragen:

„Welches Mädchen hat Gott lieb?"

Und dann legen Sie sich die Hand auf Ihr liebenswertes Herz und sagen Sie bestimmt: „Dieses Mädchen."

Das ist der rote Faden, der dieses Buch durchzieht. Es geht um Gottes Liebe, um Hoffnung und Leben. Es geht ums Bekennen, um Gebet, Stille, Dankbarkeit. Es geht um die Wahrheit und um das Aufdecken von schambesetzten Geheimnissen. Es geht darum, erkannt zu werden und Gemeinschaft zu erfahren. Das ist Leben! Es geht darum, dass Sie es laut aussprechen können: „Ich bin nicht allein. Ich bin geliebt, und ich bin stark."

Danksagung

Ich bin den folgenden Menschen überaus dankbar für ihre unschätzbare Hilfe bei der Entstehung dieses Buches:

Seth Haines: Du bist mehr als ein begabter Lektor. Du bist ein echter, ehrlicher, kühner „Sag-die-ganze-Wahrheit"-Mitstreiter. Du hast mehr als nur deine Begabung mit Barry und mir geteilt. Du hast uns an deinem Leben teilhaben lassen und hast dich unseren Herzen unauslöschlich eingeprägt, mein kleiner Bruder.

Jenny Baumgartner: Ich bin mir sehr bewusst, wie stark Sie dieses Buch mitgestaltet und verbessert haben vom Anfang bis zum Schluss. Sie haben das große Bild im Blick behalten, wenn ich mich in Details verheddert habe. Aus jeder Besprechung bin ich herausgegangen mit dem Gefühl, beschenkt zu sein. Danke!

Jeff James, Stephanie Tresner und Sara Broun: Danke für alle Geduld, wenn ich mal wieder so pingelig um jedes kleine Wort gekämpft habe, das meiner Ansicht nach das Herz des Buches beschrieb. Ich bin Ihnen dankbar für Ihren Enthusiasmus und Ihr Engagement zur Verbreitung dieser Botschaft der Hoffnung. Ihre Großzügigkeit ehrt mich.

Janene MacIvor, Sie gehören für mich zur Familie. Sie haben sich so liebevoll schon um viele meiner Bücher gekümmert, mich freundlich an Abgabetermine erinnert und mich bei jedem Schritt angefeuert. Danke dafür!

Milkglass Creative: Sie haben mir geduldig so viele Vorschläge zur Umschlag- und Titelgestaltung präsentiert, bis ich endlich wusste: Das ist es! Ich liebe Ihre Arbeit.

Brian Hampton und dem gesamten Team bei Nelson Books ein großes Dankeschön für viele gemeinsame Meilen und für viele Leben, die dem Reich Gottes nähergebracht wurden.

Meinem Mann Barry und meinem Sohn Christian: Ihr wisst besser als alle anderen, was es bedeutet, jemanden zu lieben, der mit der dunklen Nacht der Depression kämpft. Ihr bringt mich zum Lachen, wenn ich mich elend fühle. Ihr haltet mich, wenn ich abzustürzen drohe. Wir haben ein gemeinsames Verständnis von Hingabe, das weit über alles hinausgeht, was nur unserem Wohlbefinden dient. Wir sind uns einig darin, dass wir einer geschundenen Welt mehr wie Jesus begegnen wollen. Ich liebe euch beide so sehr.

Jesus Christus, Sohn Gottes, mein Erlöser und mein Herr: Du bist meine Hoffnung, mein Leben, das Licht in meinen dunkelsten Ecken. Danke, dass du Mensch geworden bist, um unser Leben zu teilen, um unsere Kämpfe zu verstehen, um für uns zu sterben und aufzuerstehen. Deine Auferstehung ändert alles. Weil du lebst, können wir leben.

Anmerkungen

1   Deputy Dawg: Populäre Cartoonfigur der Firma Terrytoons. Die BBC hat die kurzen Zeichentrickfilme von 1963 an wöchentlich ausgestrahlt.

2   Damenparfüm von Estée Lauder, seit 1953 auf dem Markt.

3   Englisch-normannische Ordensfrau und Mystikerin, 1342-1413 (?).

4   US-amerikanischer Singer-Songwriter, 1955-1997.

5   Frederick Buechner, *Telling the Truth: The Gospel as Tragedy, Comedy, and Fairy Tale* (NE York: Harper Collins, 1997), S. 23.

6   Nicky Gumble, „Three Tenses of Salvation", aus: *Bible in One Year*, 14. September, https://www.bibleinoneyear.org/bioy/commentary/1005

7   In den USA am 1. September gesetzlicher Feiertag.

8   Wörtlich: „they become the Golden Gate Bridge.» Aus: Frederick Buechner, *Beyond Words: Daily Readings in the ABC's of Faith*, (New York: Harper Collins 2004) S. 65.

9   Anspielung auf das Schauspiel „Der Kreidekreis" von Li Quianfu aus der chinesischen Yuan-Dynastie (14. Jhdt.), vielfältig literarisch verarbeitet, in deutscher Sprache u.a. durch Klabund. Wer im Kreidekreis steht, ist verurteilt/dem Tod geweiht. Nicht zu verwechseln mit dem „Kaukasischen Kreidekreis" von Bertolt Brecht – der verwendet das Motiv ganz anders.

10 Ziya Meral, „Bearing the Silence of God", *Christianity Today*,

11 19. März 2008, http://www.christianitytoday.com/ct/2008/march/29.41.html

11 A. W. Tozer, *Gottes Nähe suchen*, SCM Hänssler, Holzgerlingen 2008.

12 Dietrich Bonhoeffer, *Gemeinsames Leben*, S. 116.

13 Charles Haddon Spurgeon, *Lieder in der Nacht*, Predigt vom 28. Februar 1898 zu Hiob 35,10.

14 Charles Haddon Spurgeon, *Hiobs Resignation*, Predigt vom 11. März 1886 zu Hiob 1,20-22.

15 Franz-J. Leenhardt, zit. in Leon Morris, *The Epistle to the Romans*, Wm. B. Eerdmans, Grand Rapids, MI, 1988, S. 435.

16 George R. R. Martin, *Die Herren von Winterfell*, Blanvalet, München 1997, S. 22.

17 John Charles Ryle, Kommentar zu Joh. 19,17, in: *Expository Thoughts on the Gospels, St. John*, https://www.monergism.com/thethreshold/sdg/ expository_web.html#c19.2

18 Text von George Matheson (1882).

19 Philip Yancey, *Gnade ist nicht nur ein Wort*, SCM R. Brockhaus, Wuppertal 1999, S. 277.

20 dt. „Mein Jesus, mein Retter/Ruft zu dem Herrn".

Bibelübersetzungen

Die Bibelzitate wurden mit freundlicher Genehmigung folgenden Übersetzungen entnommen:

Sheila Walsh

Meine 5 Minuten mit Gott

Inspiriert durch den Tag

Flexcover
176 Seiten
ISBN 978-3-7655-0695-6

Erfrischt und inspiriert
für den Tag

5 Minuten – wie eine liebevolle Umarmung des Vaters im Himmel.

5 Minuten – in denen Sie zur Ruhe kommen. Frieden finden.

5 Minuten mit Gott– und Sie gehen inspirierter in den Tag. Fröhlicher.
Weil Gott da ist. Weil er Sie liebt. Weil Sie sein Königskind sind, für das er nur Gutes im Sinn hat. Auch und gerade an randvollen Tagen.

5 Minuten mit Gott – und Ihr Tag, Ihr Leben gewinnen an Bedeutung. An Glanz. Und an Lebensfreude. Lassen Sie sich beschenken!

Sheila Walsh

Hinter dem Lächeln die Tränen

Eine wahre Geschichte

4. Auflage
Taschenbuch
320 Seiten
ISBN 978-3-7655-3852-0

Außen lächeln – innen weinen?
Außen starke Frau – innen verwundet?

Sheila Walsh ist bekannt als Fernsehmoderatorin und Singer-Songwriterin – für viele eine „christliche Strahlefrau". Doch kaum einer sieht die Tränen hinter dem Lächeln der selbstbewusst wirkenden Frau. Sheila geht es wie vielen anderen: Das Leben hat ihr Wunden geschlagen, vor allem durch Verletzungen in der Kindheit.

Inzwischen weiß sie: Ihre Selbstzweifel, Depressionen und manchmal unverständlichen Reaktionen kamen daher. Ihr verletztes Herz ist heil geworden. Und Sheila eine beherzte, entspannte Frau, die sagt:

„Es gibt Hoffnung für jedes verwundete Herz! Es gibt einen Ort, wo man sein kann, wie man ist: alles andere als perfekt und ‚trotzdem' vollkommen geliebt."

Maria Chapian

Du bist eine Königstochter

Liebesbriefe von deinem Gott

2. Auflagen
Taschenbuch
192 Seiten
ISBN 978-3-7655-4326-5

*Ruhige Momente finden
mit Gott, mit sich selbst … und auftanken:
bei der ersten oder zweiten Tasse Morgen-Kaffee,
vor dem Schlafengehen oder
am Lieblingspausenplatz.
Diese Schatzkiste mit Liebesbriefen Gottes
erinnert dich daran, wer du bist:
eine geliebte Tochter Gottes,
des Herrn über Himmel und Erde –
eine Königstochter!*

„Diese Liebesbriefe von Gott zaubern ein Lächeln in mein Herz … und ich gehe ‚aufrecht‘ durch den Tag … Bin ja eine Königstochter!"

P. M., Leserin